LA SIRÈNE

PAR XAVIER DE MONTÉPIN.

PREMIÈRE PARTIE.

L'HOTEL DU DIABLE

I

AU CYGNE-DE-LA-CROIX.

Le livre que nous publions aujourd'hui n'est point, à proprement parler, *un roman.*

C'est une chronique empruntée par nous, pour le fond et pour la plus grande partie des détails, à cet ouvrage si curieux : *Les Archives de la police,* d'où sont sortis déjà plus d'un chef-d'œuvre, à commencer par Monte-Christo.

Notre unique mérite, — si mérite il y a, — aura été de donner au récit de l'historien une forme plus moderne et plus dramatique.

Cela dit, — afin d'éviter le reproche immérité de plagiat, — nous entrons en matière sans plus de retard.

§

Le 6 avril 167... — vers es quatre heures de l'après-midi, et par une belle et froide journée, — un vieux carrosse dont une épaisse couche de boue couvrait les roues, le train et la caisse, faisait dans Paris une entrée peu triomphale, au trot inégal et pesant de deux rosses efflanquées, fourbues et poussives.

Une sorte de paysan, — moitié valet d'auberge, moitié garçon de charrue, — fort mal vêtu et juché sur le siège vermoulu, tenait d'une main les lanières de cuir qui servaient de guides, et de l'autre un fouet de charretier.

A côté de ce cocher douteux se voyait un grand laquais de bonne mine, habillé d'une livrée irréprochable.

Trois ou quatre malles, de dimension imposante, étaient solidement attachées les unes sur les autres, derrière le carrosse.

Ce piteux équipage descendit lentement la rue du Faubourg Saint-Denis.

Arrivé à l'endroit où cette rue rejoint aujourd'hui le boulevard, le laquais, après avoir dit un mot au cocher qui arrêta son attelage, sauta lestement en bas du siège et vint ouvrir la portière.

Un homme de quarante ans environ, — simplement mais convenablement vêtu, — descendit de la voiture et, sans s'éloigner, ajusta sur ses épaules sa houppelande de voyage.

— C'est donc ici que nous nous séparons ? — demanda de l'intérieur une voix féminine.

— Oui, ma chère, — répondit l'homme de quarante ans, auquel s'adressaient ces paroles.
— Quand vous reverrai-je ?
— Le plus tôt possible, — aussitôt que j'aurai quelque chose à vous apprendre...
— Pensez-vous que cela tarde longtemps ?
— J'aurai sans doute du nouveau d'ici à demain.
— Alors, vous viendrez demain ?
— Oui.
— Dans tous les cas ?
— Dans tous les cas.
— A la bonne heure. — Rejoindrez-vous notre monde ce soir ?
— Cela ne fait pas l'ombre d'un doute, si, comme je le crois, nos gens sont arrivés.
— Au revoir donc, — et à demain.
— C'est convenu.
— Donnez l'adresse exacte, je vous prie, au malotru qui nous conduit.
— Je vais le faire, mais c'est à peu près inutile, car votre laquais Yorick sait à merveille cette adresse...
— Peu importe, donnez toujours.
L'homme de quarante ans s'approcha du siége, et dit à l'automédon rustique :
— Rue Saint-Antoine, — à l'hôtellerie du *Cygne-de-la-Croix*, — près la place Royale...
— Je connais l'endroit, — répondit le paysan.
— Alors, pressez vos haridelles, et marchez bon train... si c'est possible...
Le carrosse se remit en mouvement, en prenant sur la gauche.
Le personnage que nous venons d'entendre faire cette dernière recommandation, mit le chapeau à la main, tandis que la voiture passait devant lui, et murmura d'un ton moitié plaisant moitié cérémonieux :
— J'ai l'honneur de présenter mes très-humbles respects à milady...
Puis il s'éloigna lui-même dans la direction opposée.
Malgré la recommandation qui venait de lui être adressée, le cocher, se conformant sans le savoir au proverbe italien : *Che va piano va sano*, — ne fouetta en aucune façon ses rosses mélancoliques, lesquelles témoignaient suffisamment d'ailleurs, par leur tête baissée et par l'humilité de leur allure, que toute excitation resterait parfaitement inutile.
Mais, si lentement que l'on marche, on finit toujours cependant par arriver... un peu plus tôt ou un peu plus tard, — comme aurait dit ce bon M. de La Palisse.
Au bout de trois quarts d'heure, ou environ, l'attelage et le carrosse atteignaient la rue Saint-Antoine, et s'engouffraient de façon maladroite, en heurtant la borne, sous une haute et large porte cochère.
Au-dessus de cette porte une poutre horizontale, fortement scellée dans la muraille, supportait par des crampons de fer une large plaque de tôle, qui se balançait au vent avec un bruit criard.
Sur cette plaque un pinceau naïf, guidé par la main d'un artiste médiocrement expérimenté, avait tracé l'image d'un cygne soutenant de son aile et de son cou une croix surmontée d'une auréole.
Le cygne était blanc, — la croix était rouge, — l'auréole était jaune.
Une légende, tracée en grosses lettres dorées, expliquait le tout au moyen d'un calembour fort en vogue à l'époque où se passaient les faits dont nous sommes l'historien.

HOTELLERIE DU CYGNE-DE-LA-CROIX.

C'était dans cette hôtellerie, nous le savons, que le carrosse venait d'entrer. — Il s'arrêta dans une vaste cour carrée, entourée de quatre corps de logis.
Pour la seconde fois, le laquais descendit du siége et se présenta à la portière.

Mais il y fut devancé par un petit homme tout rond et tout rouge, — tout sautillant, tout jovial, — vêtu d'une veste blanche, — harnaché d'un grand tablier blanc retroussé, — armé d'un coutelas qui pendait dans sa gaîne sur son ventre rebondi, — tenant enfin à la main un superbe bonnet de coton blanc, orné d'une houppe extravagante.
Ce gros petit homme, type complétement disparu aujourd'hui des hôteliers du bon vieux temps, n'était autre que Simon Lantara, le plus riche aubergiste de Paris, et l'heureux propriétaire du *Cygne-de-la-Croix*.
Il y avait loin des hôteliers du temps jadis, aux maîtres d'hôtel d'aujourd'hui.
Un seul trait de ressemblance soude le passé au présent, — mais ce trait est caractéristique, — c'est la rapacité sans bornes et l'humeur pillarde insatiable.
Simon Lantara, — le visage rayonnant et le sourire aux lèvres, — ouvrit la portière, déploya le marchepied, et présenta fort galamment et fort agréablement son poing aux personnes qui se trouvaient dans la voiture.
Ces personnes étaient deux femmes, — l'une, jeune, — l'autre vieille.
La jeune, — celle à qui nous avons entendu prononcer quelques paroles au moment où le carrosse venait de s'arrêter à l'angle du faubourg Saint-Denis, celle aussi que l'homme de quarante ans avait appelée *Milady*, — offrait aux yeux charmés une taille fine et souple, une tournure d'une grâce parfaite et incomparable.
Sa main gantée était charmante ; son pied, étroit et cambré, aurait pu rivaliser, non sans quelques chances de succès, avec celui de *Cendrillon*.
Quant à son visage, on était en droit d'espérer qu'il compléterait dignement ce délicieux ensemble, mais on ne pouvait en acquérir la certitude, car il disparaissait entièrement sous les plis épais et nombreux d'un voile de magnifique dentelle noire.
A peine voyait-on étinceler, à travers ce réseau jaloux, les prunelles de deux grands yeux.
La compagne de la jeune voyageuse pouvait avoir cinquante-cinq ou soixante ans.
Rien qu'à la regarder, on devinait qu'elle devait être tout à la fois femme de service et femme de confiance.
Sa figure, plate et commune, mais honnête, — rayée par une multitude de petites rides croisées en tous sens, comme celles qui sillonnent une pomme de rainette sur laquelle l'hiver a passé, — pouvait sembler laide et triviale au premier abord, mais ne déplaisait point par la suite, tant elle exprimait d'humilité, de douceur et de bienveillance.
La robe et le mantelet de la jeune femme étaient d'une étoffe de soie couleur feuille-morte.
Sa suivante portait un costume de laine, entièrement uni, et d'une coupe presque monastique.
La première, — légère et vive comme un oiseau, — ne daigna point appuyer sa main sur le gros poignet de Simon Lantara, et, d'un seul bond, toucha du bout de son pied mignon les pavés de la cour.
La seconde pesa de tout son poids sur le bras de l'aubergiste, et ce poids sans doute était notable, car le petit homme, malgré le double contrefort de ses jambes courtes et massives, ploya sous le choc, et malgré lui recula de deux ou trois pas.
Cependant il ne tarda guère à se remettre, et s'adressant à celle qu'avec ce tact que donne l'habitude il reconnaissait pour la maîtresse, il demanda :
— Combien de chambres faut-il à madame ?...
— Il me faut votre plus bel appartement, mon cher, — répondit cavalièrement la jeune femme.
Lantara ouvrit de grands yeux.
— J'aurai l'honneur de faire observer à madame, — dit-il ensuite, — que mon plus bel appartement se compose de douze pièces...
— Eh bien ! après ?...
— Et si madame est seule...

La voyageuse fit un geste d'impatience, — elle interrompit l'aubergiste et s'écria :
— Douze ou quatorze, ou vingt-cinq, que m'importe? — pourvu que l'appartement soit beau, il me va, — je le prends, — conduisez-moi...

Lantara s'inclina aussi bas que sa rotondité imposante lui permit de le faire.

— A l'instant, madame, — répliqua-t-il, — tout est prêt...

La jeune femme se tourna vers sa compagne :
— Déborah, — lui dit-elle, — vous allez rester là avec Yorik pour faire décharger les malles...
— Oui, milady...
— Vous les ferez ensuite apporter dans mon appartement, où vous viendrez me rejoindre...
— Oui, milady...
— Cette dame est une riche et noble Anglaise... — pensa l'aubergiste, — elle paiera en conséquence.

Et, tout gonflé de joie par le doux espoir des notes invraisemblables dont il supputait déjà le total, Lantara passa le premier, afin d'indiquer à *milady* le chemin de l'appartement de douze pièces...

II

UN HÔTELIER DU BON VIEUX TEMPS.

Ce fut avec l'épanouissement d'une satisfaction légitime, que Lantara fit traverser à la nouvelle venue les diverses pièces du somptueux logis dont il se promettait bien de lui compter la jouissance à raison de cinquante ou soixante livres par jour, tout au moins.

Milady jetait en passant un regard parfaitement dédaigneux sur l'ameublement disparate et dépareillé dont l'aubergiste se montrait si fier.

Enfin, l'on arriva dans un salon assez beau, tendu de tapisseries flamandes et garni d'un mobilier de vieux chêne du temps de Henri III.

Un tapis des manufactures d'Aubusson couvrait le carrelage.

La chambre à coucher qui succédait à ce salon était du même style, — avec des boiseries sculptées, — un grand lit à estrade et à baldaquin, — d'immenses bahuts d'un précieux travail de sculpture, et de grands miroirs de Venise.

Ce mobilier aurait fait, en l'an de grâce 1859, la joie et l'orgueil d'un antiquaire, et volontiers celui qui écrit ces lignes l'aurait payé bien cher.

Mais, à l'époque où se passent les faits que nous racontons, — en plein règne de Sa Majesté Louis-le-Grand, — ces choses magnifiques étaient des *vieilleries*, — surtout pour une femme jeune et belle.

Milady fit une moue légère.

Simon Lantara, tout à sa jubilation de propriétaire, ne s'en aperçut pas.

— Comment se trouvera milady? — demanda-t-il.
— Assez médiocrement, — répondit la voyageuse.

Simon Lantara crut qu'il avait mal entendu.

Il répéta la question.

La réponse qui lui fut faite fut la même que la première fois.

— Cependant, — hasarda-t-il avec un désappointement et une mortification extrêmes, — il me semble qu'ici rien ne manque... et j'oserai dire que des hôtes illustres ont daigné s'y trouver bien...

— Tant mieux pour les *hôtes illustres*, — répliqua la jeune femme avec ironie, — sans doute ils étaient moins difficiles que je ne le suis... — enfin, puisque vous n'avez pas autre chose à me donner, je m'arrangerai de ce galetas...

La main de Lantara se crispa énergiquement sur le bonnet de coton qu'il roulait entre ses doigts, et dans lequel ses ongles exercèrent de notables dégâts.

— Ah! — murmura-t-il *in petto*, — ah! milady; vous traitez mon logis de galetas!... — eh bien! vous saurez ce qu'il vous en coûtera pour y loger vos dédains et vos grands airs!... — Par saint Simon! mon honoré patron, vous paierez le *galetas* plus cher qu'un palais... ou j'y perdrai mon nom!

Cette résolution d'héroïque vengeance ramena à l'instant même un sourire sur les lèvres de l'aubergiste.

— Autre chose... — fit la jeune femme.
— J'attends les ordres de milady.
— Dîne-t-on ici?
— Oui, certes, et à merveille... mon cuisinier est connu d'une façon avantageuse...
— Nous verrons bien.
— A quelle heure milady désire-t-elle se mettre à table?
— Le plus tôt possible.
— Cela suffit. — Milady commande-t-elle son dîner?
— Non. — Servez-moi ce que vous avez de meilleur, et faites en sorte que ce soit passable...
— J'ose espérer que milady sera contente, — la réputation du *Cygne-de-la-Croix* n'est point à faire... — Quel vin boira milady?...
— Vous me ferez monter un panier de vins assortis, les plus vieux de vos meilleurs crus... — je choisirai...
— C'est au mieux... — Je me plais à croire que milady appréciera la haute supériorité de tous mes vins... — Grâce au ciel! la cave du *Cygne-de-la-Croix* jouit d'une certaine réputation... et...

La jeune femme interrompit Simon Lantara.
— Mon cher, — lui dit-elle, — vous avez une fort mauvaise habitude...
— Une mauvaise habitude?... moi... milady?...
— Vous-même...
— Et laquelle?...
— Vous faites trop l'éloge de tout ce qui vous appartient... il vaudrait mieux vous arranger de façon à ce que vos clients se chargeassent de faire cet éloge à votre place...

Lantara baissa la tête d'un air confus et ne répondit pas.

Seulement il se disait à lui-même :
— Allez toujours, milady, — allez, — vous *paierez* cela avec le reste...

La jeune femme reprit :
— Je dînerai dans cette pièce, sur la petite table carrée que voilà...
— Mais, milady, ceci est la chambre à coucher... il y a, à côté, la salle à manger, une salle à manger superbe...
— Je vous répète que je dînerai ici...
— Comme milady le voudra...
— C'est heureux!...
— Un seul couvert?
— Deux, — pour aujourd'hui, — je ferai manger avec moi ma femme de confiance...
— Bien, milady.
— Vos gens apporteront les mets dans la pièce voisine, — mon laquais servira à table...

Lantara s'inclina et se disposait à sortir.

La jeune femme le retint en lui disant :
— Aussitôt que vous aurez donné les ordres relatifs à mon dîner, revenez, — j'ai à vous parler. — Ah! n'oubliez pas de faire allumer un grand feu dans la cheminée de cette chambre; la soirée est fraîche, et il y a ici une humidité de glace...
— Oui, milady.

L'aubergiste s'inclina de nouveau et disparut.

La voyageuse, restée seule, ôta le voile de dentelle qui jusqu'à ce moment avait caché sa figure, et, s'approchant d'un miroir de Venise, elle mit en ordre les longues et brillantes nattes de ses cheveux noirs, que le mouvement de la voiture avait dérangées.

Son visage était de tout point digne de la taille charmante et de la ravissante tournure que nous avons décrites dans le précédent chapitre.

Nous ne savons si *milady* était Anglaise, ainsi que semblait l'indiquer cette appellation ; mais son teint, d'une pâleur mate et dorée, ses grands yeux aux prunelles sombres et profondes, sa chevelure aux reflets bleuâtres, ses lèvres aussi rouges que si elles eussent été passées au carmin, enfin tous les traits de son visage devaient plutôt lui faire attribuer une origine espagnole ou italienne.

Enfin, quelle que fut cette origine, sa beauté n'en était pas moins complète, éclatante, incontestable.

Et cependant, malgré le charme de ce merveilleux visage, il y avait quelque chose de bizarre, de presque effrayant, dans l'éclat insoutenable du regard qui jaillissait entre une double palissade de longs cils comme l'éclair de l'épée, comme la lueur du diamant, — dans le sourire des lèvres rouges qui dévoilaient, en s'écartant, l'émail éblouissant de petites dents parfaites, semblables pour la pureté à celles d'un jeune chien.

Milady, après avoir achevé de réparer le léger désordre de sa coiffure, envoya au miroir qui reproduisait son image un de ces sourires dont nous venons de parler, puis elle s'étendit, avec une nonchalance presque voluptueuse, dans un immense fauteuil de chêne, recouvert en cuir de Cordoue gaufré.

Le laquais Yorick et la camériste Déborah ne tardèrent point à paraître, accompagnant des valets de l'hôtel qui portaient des malles.

Ces malles furent placées dans un coin de la chambre.
— Yorick se retira avec les valets et milady demeura seule avec Déborah.

Presque en même temps revint Simon Lantara.
— Dans une demi-heure, — dit-il, — le dîner de milady sera servi sur table... — Je viens, selon l'injonction de milady, recevoir de nouveaux ordres.

— Mon cher, — répondit la jeune femme, — je veux bien vous dire que j'ai l'intention de passer un certain temps dans votre hôtellerie...

— Ah ! — s'écria Lantara, en courbant de son mieux sa courte et grasse échine, — quel honneur !...

— Oui, — poursuivit milady, — je passerai ici quelques jours... peut-être même quelques semaines... — mon intention est de me fixer à Paris, — mon intendant cherche en ce moment pour moi un hôtel à acheter ou à louer... — Jusqu'à ce qu'il ait trouvé ce qui me convient, vous serez mon hôte... — Je suis riche, — fort riche. — Je paie sans compter et royalement... mais je veux être servie en reine... c'est à vous de vous arranger en conséquence...

— Je me surpasserai, — répondit Lantara, — tout le monde se surpassera, et je veux n'être qu'un pendard si milady n'est pas satisfaite...

— Voilà qui est convenu... — agissez de votre mieux, — ce ne sera pas bien, mais enfin je ferai en sorte de m'en contenter... en attendant...

Lantara eut toutes les peines du monde à contenir une laide grimace.

Pour rendre à son visage son expression de jovialité accoutumée, il lui fallut se souvenir que celle qui parlait si dédaigneusement venait d'annoncer qu'elle payait sans compter et *royalement*.

L'amorce du gain satisfait imposa silence à l'amour-propre froissé.

Il se résigna même jusqu'au point de répondre :
— J'ose compter sur l'indulgence que milady veut bien me promettre si gracieusement...

— Assez à ce propos, mon cher ! — En attendant que j'aie mon hôtel et que ma maison soit montée, selon les exigences de ma fortune et de mon rang, il me faut un carrosse et des laquais... — Pouvez-vous vous charger de me les fournir ?...

— Rien n'est plus facile, milady...

— Mais, — vous comprenez, — je ne veux point d'un vulgaire carrosse de louage, dans lequel je ne saurais m'asseoir sans mourir de honte...

— Oh ! milady peut être tranquille... elle aura le plus beau carrosse du monde, tout reluisant de dorures, avec un gros cocher galonné et de superbes chevaux normands... — seulement cela coûtera un peu cher...

— Eh ! que m'importe ?

— Je vais m'en occuper aujourd'hui même... — dès demain l'équipage sera à la disposition de milady...

— Voilà qui va bien, — et les laquais ?

— Combien en faut-il à milady ?

— Au moins deux.

— Les couleurs de la livrée de milady, s'il vous plaît ?

— Rouge et or.

— Impossible d'en faire exécuter de neuves, dans un si court délai, — mais j'en trouverai de fort convenables chez un grand fripier de ma connaissance qui achète en bloc, tous les ans, les défroques de la maison de Rohan... — Or, la maison de Rohan, comme milady le sait certainement, a l'honneur de faire porter à ses gens les couleurs de milady...

— Des livrées de hasard ! cela me sourit peu... — heureusement que ceci n'est que provisoire...

— Milady n'a pas autre chose à me commander ?

— Non, pour le moment.

— Dans ce cas, je sors, afin de m'occuper sans perdre un instant de l'équipage de milady...

— Allez, mon cher.

Lantara quitta l'appartement.

En même temps deux valets venaient mettre le couvert et veiller aux préparatifs du repas.

III

UNE BACCHANTE.

Nous avons entendu Simon Lantara affirmer, avec toute la chaleur de sa conviction, que le cuisinier du *Cygne-de-la-Croix* jouissait d'une réputation méritée.

D'après les recommandations du maître, l'estimable artiste culinaire s'était surpassé ce jour-là, et il avait fait preuve d'une promptitude d'exécution qui, jointe à son talent hors ligne, n'était point un petit mérite.

Au bout de moins d'une demi-heure, la table désignée par milady était chargée d'un grand nombre de mets d'une finesse exquise, et dignes d'être appréciés savamment par des palais expérimentés et connaisseurs.

La jeune femme, dont l'approbation et les éloges, nous le savons, étaient rares, et qui ne témoignait en général qu'une railleuse indifférence, daigna manifester la satisfaction que lui causait la bonne mine du dîner qui l'attendait, et qui, après avoir flatté délicieusement l'odorat, promettait au goût une série de jouissances d'un ordre supérieur.

Milady s'attabla sans retard, en faisant signe à sa camériste Déborah de se placer en face d'elle.

Yorick fut seul chargé du service intérieur, ainsi que la jeune femme l'avait ordonné. — Les valets de l'hôtel apportaient les plats dans la pièce précédente, où Yorick allait les prendre de leurs mains pour les placer sur la table.

Une douzaine de bouteilles de vins d'Espagne, de Champagne et de Bourgogne étaient là, prêtes à laisser couler dans les verres les topazes brûlées, ou les rubis liquides, ou la liqueur couleur d'ambre qu'elles contenaient.

Un grand feu pétillait dans la cheminée.

La saveur des mets répondait à leur apparence engageante.

Bref, toutes les conditions qui doivent constituer un bon repas se trouvaient réunies.

Ce repas, cependant, fut assez triste jusqu'au dessert.

Milady mangeait beaucoup et buvait copieusement, mais sans parler.

En présence du mutisme de sa maîtresse, la vieille suivante Déborah se renfermait dans un respectueux silence.

Enfin Yorick enleva d'un tour de main les viandes, les poissons, les légumes du dernier service.

Il remplaça ces mets solides par des pâtisseries, des fruits, des confitures et des sucreries.

Quand il eut achevé, milady fit un geste.

Sans doute le valet était accoutumé à ce geste dont il comprenait toute la signification, car aussitôt il déposa sur un meuble la serviette qu'il tenait à la main, et il quitta la chambre pour n'y plus rentrer.

Déborah se leva aussitôt et alla pousser derrière lui le verrou de la porte.

Quand elle revint auprès de sa maîtresse, l'expression de son visage avait changé.

Au lieu de la déférence modeste et soumise, au lieu de l'humilité docile qui semblaient leur être habituelles, ses yeux et sa bouche n'exprimaient plus qu'une familiarité triviale.

Tout sentiment d'infériorité avait disparu chez Déborah, — il n'y avait plus en présence que deux femmes égales.

— Les verrous sont mis, ma chère, — dit l'ex-suivante à l'ex-maîtresse ; — ne te gêne donc plus, fais comme chez toi...

— Ainsi vais-je faire... ou le diable m'emporte ! — répliqua milady en riant. — Avance-moi ce flacon d'Aï, — je veux lui donner un baiser.

Et la jeune femme, brisant par la seule force de son poignet nerveux et fin les fils de fer qui scellaient le bouchon sur la bouteille de vin de Champagne, ne prit pas même le temps de verser dans un verre la mousse blanche et pétillante qui s'échappait avec un crépitement joyeux.

Elle approcha de ses lèvres roses le goulot de la bouteille, et ainsi qu'elle venait de l'annoncer, elle lui donna un long baiser.

Quand, après cette accolade, le flacon fut reposé sur la table, il était délesté de la moitié de son contenu.

— Eh bien ? — demanda la vieille Déborah, — comment trouves-tu le liquide du père Lantara ?

— Parfait, — répondit milady en riant d'un rire de Ménade, tandis qu'un léger nuage pourpre, montant de son cou d'une forme si pure et si vierge délicieux, envahissait peu à peu ses joues et son front, mettant une belle teinte d'un rose vif à la place de leur pâleur dorée.

— Oui, parfait ! — répéta-t-elle en faisant claquer sa langue contre son palais, — d'ailleurs, rien ne t'empêche d'en juger par toi-même...

La vieille prit le flacon à moitié vide, et, lui témoignant à son tour une tendresse peu platonique, elle avala, sans reprendre haleine, le reste de ce qu'il contenait encore.

Comme il nous convient de rester dans les bornes de la vraisemblance et que nous tenons par-dessus toutes choses à ne point offrir à nos belles lectrices des tableaux qui ne pourraient leur déplaire, nous ne suivrons point milady dans le cours de ses exploits bachiques.

Il nous suffira de dire que, pendant près d'une heure, elle ne s'occupa qu'à décoiffer des bouteilles et à déguster les vins de tous les crus qu'elles contenaient.

Elle buvait sans trêve et sans relâche, — ne s'arrêtant parfois que pour reprendre haleine.

Ses vêtements dégrafés flottaient autour de sa taille ; — ses longs cheveux dénoués tombaient dans un désordre magnifique sur ses épaules à moitié nues et sur sa gorge divine, blocs de marbre blanc à pointes roses ; — ses yeux semblaient par instants s'allanguir et se fermer, puis, aussitôt après, ils lançaient des flammes humides ; — ses lèvres de corail s'entr'ouvraient pour articuler des refrains indistincts, — des mots d'amour entrecoupés, — ou pour égrener les chapelets sonores d'un rire bizarre et interrompu.

Milady, en ce moment, aurait pu poser devant un artiste habile pour la plus belle des bacchantes, criant : *Evohe !*... aux fêtes du dieu des vendanges, — et appelant de toute l'ardeur de ses désirs les caresses lubriques de quelque faune aux pieds de bouc.

La vieille Déborah suivait de son mieux l'exemple de la jeune femme ; mais le vin ne paraissait pas produire le moindre effet sur son organisation bronzée.

Le parchemin ridé qui couvrait son visage ne recevait nulle coloration de ces libations multiples.

Aucun éclair ne s'allumait dans le regard ; — les lèvres pâlies ne s'empourpraient pas. Vainement le xérès et l'alicante ruisselaient dans l'insatiable gosier de la duègne, — leurs gaz subtils ne semblaient point exercer sur son cerveau plus d'effet que les émanations innocentes d'une limonade inoffensive ; — ni le buste, ni les jambes de la vieille ne subissaient ces irrésistibles oscillations d'une ébriosité naissante.

Il n'en était pas de même de milady, nous le répétons, — les vapeurs enflammées des vins de France et d'Espagne s'emparaient de plus en plus de son être tout entier. Une pourpre ardente remplaçait le coloris rose de ses joues, — ses yeux s'entouraient d'un cercle marbré, — sa langue devenait pâteuse et ne pouvait terminer aucun mot ni articuler aucun son, et c'est tout au plus si sa main venait à bout de porter à ses lèvres le verre à moitié rempli, dont le contenu se répandait sur le tapis dans les saccades réitérées du voyage, — justifiant ainsi le proverbe : — *Il y a loin de la coupe aux lèvres.*

Un semblable état de choses ne pouvait durer longtemps.

Le bras vacillant de milady s'allongea une dernière fois vers le cristal, dont l'éclat miroitant sollicitait son regard fixe à travers ses paupières clignotantes.

La coupe s'échappa des doigts effilés et charmants qui ne savaient plus la tenir, — elle tomba et se brisa en mille morceaux avec un bruit cristallin que milady accompagna d'un éclat de rire ébauché et interrompu.

Milady essaya de se lever sur son siège, et ne put en venir à bout.

Ses bras allanguis et énervés glissèrent de chaque côté des accotoirs de son fauteuil.

Ses yeux se fermèrent, — sa tête roula pendant un instant de gauche à droite, parmi les masses de ses cheveux splendides, puis s'arrêta sur l'épaule gauche. — En même temps, une respiration haletante, saccadée, pénible, soulevait les globes arrondis de sa ferme poitrine.

Milady était endormie... ou plutôt milady était ivre-morte...

Déborah se tint pendant un instant devant elle, — immobile, — le poing appuyé sur la hanche.

Après ces quelques secondes de muette contemplation, la vieille femme haussa les épaules et murmura entre ses dents :

— Si ça ne fait pas pitié !... — ça veut boire et ça ne sait pas seulement porter son vin ! — enfin, c'est comme ça..... — tant pis pour elle !..... je vais la coucher.....

Et, dépouillant rapidement milady du reste de ses vêtements, elle prit dans ses bras son beau corps de bacchante énervée, le souleva sans peine et le porta jusqu'au lit sur lequel elle l'étendit comme elle l'aurait fait d'un petit enfant.

Milady dormait toujours et témoignait seulement par une sorte de plainte monotone, sourde et inarticulée, le mécontentement instinctif que lui faisait éprouver son changement de position.

Mais de ce vague murmure, Déborah ne s'inquiétait guère !

Une fois milady couchée, la vieille tira les verrous qu'elle avait poussés après le départ d'Yorick, — elle transporta dans la pièce qui précédait la chambre à coucher les restes du dessert et les bouteilles vides, — puis, après avoir tout remis en ordre, elle referma la porte et alla se jeter à son tour sur un lit préparé dans une chambre voisine.

Nous allons, si vous le voulez bien, laisser la maîtresse et la suivante dormir jusqu'au lendemain d'un lourd et profond sommeil, qui n'avait pourtant rien de commun avec celui de l'innocence.

§

Il pouvait être à peu près dix heures du matin quand milady se réveilla, aussi calme, aussi fraîche, aussi reposée que si elle ne s'était livrée, la veille au soir, à aucun excès.

Ceci, soit dit en passant, prouvait une assez grande habitude de ces sortes d'orgies.

Depuis longtemps déjà Déborah, plus matinale, allait et venait, trottant menu et mettant tout en ordre dans l'appartement.

Elle aida la jeune femme à se lever, et, après l'avoir enveloppée dans un large peignoir, elle démêla, elle tressa et noua sur sa tête ses longs et magnifiques cheveux noirs, dont elle pouvait, en les déroulant, se faire un manteau splendide.

Cette première toilette achevée, Déborah reçut l'ordre d'agiter le cordon d'une sonnette.

Yorick attendait dans l'antichambre, — il accourut à cet appel.

Milady l'envoya prévenir Simon Lantara qu'elle désirait lui parler sur-le-champ.

— Eh bien! mon cher, — dit-elle au gros petit homme qui se confondait en salutations et en révérences, — vous êtes-vous occupé de moi?...

— Ah! milady, — s'écria-t-il, — il y a dans la question que vous me faites l'honneur de m'adresser, un doute qui me blesse...

— Ainsi, mes ordres sont exécutés?
— En tout point, milady.
— Vous m'avez trouvé un carrosse?
— Oui, milady.
— Et des laquais?
— Deux grands gaillards qui proviennent de la maison du prince de Soubise...
— Et des livrées?
— Absolument neuves, milady, ou à très-peu de choses près... une occasion magnifique!...
— Bref, vous m'affirmez que tout cela est convenable?
— Il ne tient qu'à milady d'en juger par ses propres yeux à l'instant même...
— Comment cela?
— Si milady daignait s'approcher de la fenêtre...
— Eh bien?
— Le carrosse est dans la cour, tout attelé...
— Voyons un peu cela...

Et la jeune femme, quittant nonchalamment le large fauteuil dans lequel elle était étendue, se dirigea vers l'une des croisées.

L'équipage amené par maître Simon Lantara stationnait au-dessous de cette croisée; — il était facile d'en embrasser d'un seul coup d'œil l'ensemble et tous les détails.

L'hôte du *Cygne-de-la-Croix* n'avait ni menti, ni exagéré en vantant l'élégance et la richesse de la voiture, de l'attelage et des livrées.

Les panneaux du carrosse étaient de cette belle couleur d'un violet sombre, rendue célèbre par les vers du *Misanthrope* :

« Et quand tu vois ce beau carrosse
« Où tant d'or se révèle en bosse,
« Ne dis plus qu'il est *amarante*,
« Dis plutôt qu'il est de ma rente. »

Sur ces panneaux dont Molière devait illustrer la nuance, beaucoup d'or, en effet, se *relevait en bosse*.

De longues guirlandes de feuillages et de fleurs, délicatement sculptées et dorées, se détachaient autour de la caisse.

Des papillons, des oiseaux et des amours étaient peints d'une façon ravissante sur les portières et sur toutes les parties de la caisse.

Les chevaux, de race normande et de grande taille, piaffaient sous leurs harnais éclatants, ni plus ni moins, ma foi, que s'ils eussent appartenu à quelque prince du sang, et rien en eux ne décelait l'humble condition de chevaux de louage.

Sur le siége drapé amplement, un cocher, doué d'un embonpoint de Silène, étalait sous un tricorne galonné les boudins blancs de sa perruque, ses joues larges et rubicondes, et un nez bulbeux qui pouvait lutter d'incarnat avec le drap cramoisi de sa livrée.

Ce gros Falstaff de l'écurie tenait d'une main magistrale les rênes et le fouet, — il semblait se croire cocher de bonne maison jusqu'au bout des ongles et paraissait plus fier que l'automédon d'un duc et pair.

Quant aux deux laquais, gaillards herculéens, — aux larges épaules, — aux mollets nerveux et bien sortis sous les bas blancs qui les dessinaient, ils étaient harnachés de plus de galons et d'aiguillettes que le griffon bichonné d'une marquise ne porte de rubans couleur de feu noués dans sa toison blanche.

Historien impartial, nous sommes forcé de convenir que ces deux drôles offraient des types superbes de valets de pied.

Pour trouver mieux, et peut-être seulement aussi bien, il aurait fallu fouiller longtemps dans toutes les antichambres de la cour et de la ville.

Milady arrêta sur le carrosse, sur les chevaux, sur le cocher, et surtout sur les valets de pied, un regard connaisseur et satisfait.

Simon Lantara saisit ce regard à la volée.

— Oserais-je, — demanda-t-il d'un air hypocritement modeste, — oserais-je prier milady de m'apprendre si elle est contente de mon zèle?...

— Vous avez fait pour le mieux, maître Lantara, — répondit la jeune femme, — je rends justice à votre bonne volonté... d'ailleurs, je ne vous en remercie pas, car je sais que vous me le ferez payer le plus cher possible... et vous aurez raison.

— Milady est d'une bonté...
— Trêve de compliments. — Qu'on mette les chevaux à l'écurie et qu'on abreuve mon cocher et mes laquais.
— À l'instant, milady, et amplement.
— Il ne faut pas pourtant que les drôles s'enivrent...
— Je compte sortir dans l'après-midi...
— On tiendra la main, milady, à ce qu'ils ne s'écartent point des limites de la sobriété la plus stricte.
— Bien. — Faites-moi servir à déjeuner... je me sens en appétit.
— Je cours, milady... je vole...
— Ah!... j'attends mon intendant dans la matinée... il demandera *lady Guilfort*... — Souvenez-vous de ce nom...
— Comment oublier le nom illustre de milady?
— Que maître Love, c'est ainsi que s'appelle mon intendant, — soit introduit sur-le-champ auprès de moi...
— Milady peut être tranquille... l'intendant de milady ne fera point antichambre, ne fût-ce que pendant une minute...
— Maintenant, mon cher, allez, je ne vous retiens plus...

Le déjeuner ne se fit pas attendre.

Il était non moins complet et non moins exquis que le repas de la veille au soir.

Comme la veille, la jeune femme fit preuve d'un robuste appétit, mais, au lieu de boire immodérément de larges rasades de vin pur, elle ne porta guère à ses lèvres que son verre rempli d'eau rougie.

Vraisemblablement, milady n'aimait à s'enivrer que le

soir, — ou quelques circonstances que nous ignorons lui commandaient la modération le matin.

Le déjeuner touchait à sa fin, et il pouvait être à peu près midi, quand Simon Lantara apparut à la porte de la pièce dans laquelle la jeune femme était attablée, servie par Yorick et par Déborah !

— L'intendant de milady m'accompagne, — dit-il, — j'ai voulu me charger de l'introduire moi-même auprès de sa noble maîtresse.

En même temps, il s'effaçait pour laisser entrer un personnage qui n'est pas tout à fait pour nous une nouvelle connaissance.

Ce personnage n'était autre, on le devine, que l'homme de quarante ans qui la veille avait quitté le carrosse à l'angle de la rue du Faubourg Saint-Denis, en annonçant sa visite pour le lendemain.

Il portait un habit large de couleur marron, — une veste de satin noir, — une culotte de même étoffe et de même couleur, — des bas de soie noire et des souliers carrés à boucles d'argent.

Sa petite perruque courte et ses lunettes d'acier modifiaient du tout au tout l'expression de sa physionomie, habituellement fière et presque hautaine, et lui donnait l'aspect retors et madré d'un procureur au Châtelet, et plus encore celle d'un de ces intendants de grande maison qui font leurs affaires au moins autant que celles de leurs maîtres.

Sous son bras gauche il tenait son chapeau à trois cornes, orné d'une boucle d'acier.

Sa main droite s'appuyait sur la pomme d'or d'un jonc assez beau.

Il fit trois saluts successifs et profonds, selon toutes les lois de l'étiquette, et resta debout en face de milady, les yeux modestement baissés et la contenance humble et soumise.

— Ah ! vous voilà donc, master Love, — lui dit la jeune femme. — Bonjour...

— Milady, — répliqua l'intendant d'un ton posé et d'une voix contenue par le respect, — me voici prêt à rendre compte à Votre Seigneurie du résultat des ordres dont elle a bien voulu me confier l'exécution...

— C'est bien, — je vais vous entendre, master Love...

Et la jeune femme, se tournant vers Lantara, vers Déborah et vers Yorick, les congédia d'un geste.

Ils quittèrent la chambre à l'instant.

Master Love, — puisque tel était le nom du nouveau venu, — se livra incontinent à la même manœuvre que nous avons vu la vieille camériste accomplir la veille au soir, — c'est-à-dire qu'il se dirigea vers la porte de sortie et qu'il en poussa les verrous.

Cette opération achevée, il déposa sur un meuble son tricorne, ses lunettes d'acier et son jonc à pomme d'or.

Puis il revint à milady, l'œil animé, les bras ouverts, la lèvre souriante, et il l'embrassa sur les deux joues en lui disant d'un air jovial :

— Eh ! bonjour donc, ma chère enfant, comment gouvernons-nous, ce matin, notre mignonne santé ? — Avons-nous eu un bon sommeil, bigarré de songes d'or...

— Mais oui, — répliqua la jeune femme en riant, — j'ai dormi tout d'un somme, — quoique les lits de cet hôtellerie du diable soient rembourrés, je crois, avec de petits cailloux.... — il est vrai que j'avais eu la précaution de mettre mon bonnet de nuit.

— C'est-à-dire, — répondit Love en faisant la moue, — de t'enivrer abominablement, selon ta mauvaise habitude.

— Mon Dieu oui, — c'est une faiblesse, je le sais bien, mais qu'y faire ? — elle est plus forte que moi, cette faiblesse !

— Une faiblesse qui nous perdra, ma chère amie, si tu n'y prends garde !... — je te l'ai dit cent fois, — je te le répète une fois de plus... — quand les vapeurs du xérès ou du champagne ont fait déménager le peu de raison qui loge dans une jolie tête, on parle d'autant plus volontiers qu'on ne sait pas ce qu'on dit !... et tu n'ignores pas plus que moi où nous conduirait tout droit une parole imprudente...

— Au gibet de Newgate, — répondit milady en riant toujours, — ou à la roue en place de Grève... — tu vois que je suis au fait...

IV

L'HOTEL DU DIABLE.

Master Love regarda avec une sorte d'étonnement involontaire cette jeune femme si fraîche, si jolie, si voluptueuse, et dont les lèvres roses prononçaient en souriant ces mots terribles de *gibet*, de *roue* et de *place de Grève*.

— Et, — reprit-il au bout d'un instant, — tu trouves que ce ne serait point dommage de donner une corde de chanvre pour collier à ce cou charmant ? de livrer ce corps de déesse aux brutales caresses du bourreau ?...

— Grand dommage au contraire, — et je suis intéressée autant que personne, ce me semble, à éviter un dénouement si lugubre pour cette terrible farce qui s'appelle ma vie... et dont je m'accommode assez bien... — Sois donc tranquille, mon cher Love, et souviens-toi que les vapeurs du xérès et du champagne, comme tu le disais si agréablement tout à l'heure, ont pour effet de me rendre muette comme la statue du dieu du Silence.

Maître Love haussa les épaules.

— On se tait neuf jours, — murmura-t-il, — et le dixième on parle.

— En voilà assez, — interrompit milady avec hauteur, — laissons ce sujet de côté et parlons de choses sérieuses.

— Soit, — mais un mot encore : — cet équipage que je viens de voir dans la cour en arrivant, est-il à toi ?

— Oui.

— Mes compliments, ma chère !

— Tu le trouves convenable ?

— Parfait, — jusqu'à nouvel ordre, du moins... — nous aurons mieux, mais pour le moment c'est très-satisfaisant.

— C'est ce que je pense aussi.

— Qui t'a procuré cela ?

— Mon hôte, — ce gros brave homme de Simon Lantara.

— Il doit professer à ton endroit une vénération singulière ?

— Oui certes, — d'autant plus que je suis affreusement impertinente avec lui, et que je le traite habituellement comme un chien crotté.

— A merveille... cela coûtera cher... — Un hôtelier que l'on humilie, c'est hors de prix... — mais que nous importe ? — ce qu'il faut, avant tout, c'est de le bien poser.

— Nous y arriverons. — Laisse-moi faire...

— Oh ! je connais tes façons d'agir et, quant à cela, j'ai toute confiance en toi.

— Et tu fais bien.

— Nos gens sont-ils arrivés ?

— Oui.

— Tout le monde ?

— Tout le monde.

— Tu les as vus ?

— Deux fois déjà. — Hier au soir et ce matin.

— Où sont-ils logés ?

— Dans des quartiers différents, et deux par deux. — Tu comprends mes motifs pour agir ainsi.

— Le mieux du monde. — C'était prudent et indispensable... — Je pense que le temps t'a manqué pour t'occuper de l'hôtel dont nous avons besoin ?

— C'est ce qui te trompe.

— Tu as cherché ?

— Mieux que cela.

— Tu as trouvé ?

— Oui, ma chère.
— Si vite?
— Mon Dieu! oui.
— C'est incroyable!...
— Je ne sais pas si c'est croyable, mais je t'affirme que c'est vrai...
— Et l'hôtel en question nous convient?
— Comme s'il avait été fait exprès pour nous...
— Dans quel quartier?
— Celui-ci, — rue de la Cerisaie.
— Est-ce beau?
— Superbe et fort magnifiquement meublé, dit-on, — je n'ai pas visité l'intérieur, — seulement on prétend qu'il y aura des réparations à faire.
— On les fera ; — et, quand peut-on entrer en jouissance?
— A l'instant même.
— C'est donc inhabité?
— Oui.
— Depuis longtemps?
— Depuis cinquante ans.
— Bah!... — A qui appartient l'hôtel?
— Aux héritiers des enfants du marquis de Carnac.
— Pourquoi ces héritiers n'ont-ils pas loué ou vendu?
— Parce qu'il ne s'est présenté ni acquéreur ni locataire.
— Depuis cinquante ans !...
— Depuis cinquante ans, oui, ma chère.
— Quelle chose bizarre!
— Pas tant que tu crois.
— Y a-t-il donc quelques bonnes raisons pour expliquer ce fait étrange?...
— Il y en a.
— Lesquelles?
— Tu es un esprit fort, n'est-ce pas?

Milady se mit à rire aux éclats, en entendant cette question.

Puis elle répondit :
— Tu me demandes si je suis un esprit fort?... Je croyais te l'avoir prouvé plus d'une fois...
— C'est juste. — Eh bien! l'hôtel en question s'appelle l'*Hôtel du Diable*!...
— L'*Hôtel du Diable*!!.. — répéta milady avec étonnement.
— C'est du moins sous ce nom qu'il est connu dans tout Paris.
— Mais qui l'a baptisé ainsi?
— La rumeur populaire...
— A quel propos?..
— A propos de faits mystérieux et surnaturels qui s'y seraient passés il y a cinquante ans, alors que le marquis de Carnac était encore vivant...
— Ces faits, tu les connais?
— Oui, — on me les a racontés ce matin...
— Alors tu peux me les raconter à ton tour?...
— Ce sera peut-être un peu long...
— Bah! nous avons du temps devant nous.
— Eh bien! prépare-toi à frissonner depuis la plante des pieds jusqu'à la racine des cheveux, car véritablement la légende que je vais te dire est de celles qu'on ne peut écouter qu'en frémissant.
— Tant mieux, j'adore les émotions, et, pour moi surtout qui n'ai jamais tremblé, ce sera du fruit nouveau...

Maître Love avança un fauteuil, dans lequel il s'installa, bien en face de la jeune femme.

Il prit sur la table un flacon de vin d'Alicante.

Il remplit de ce vin une coupe de verre de Venise, dont il dégusta le contenu en connaisseur, — afin, sans doute, de s'éclaircir la voix avant d'entamer son récit.

Il plaça à portée de sa main le flacon et la coupe, dans le but manifeste de recourir à l'un et à l'autre de temps en temps.

Ces divers préparatifs achevés, il commença sans plus de préambule.

. . . . . .

Maître Love était un homme doué, sans contredit, de toutes sortes de qualités sérieuses que nous serons peut-être à même d'apprécier plus tard.

Mais, quant à présent, nous sommes forcé de convenir, — quoiqu'à regret, — que maître Love pouvait et devait passer pour un conteur infiniment médiocre.

Dans la conversation, sa parole était nette et vive ; — parfois même nerveuse et colorée.

Dans le récit, elle devenait hésitante et diffuse.

Maître Love causait passablement, mais il racontait mal.

Donc, — et bien que notre modestie ait singulièrement à souffrir de l'espèce de compliment que nous sommes obligé de nous adresser à nous-même dans cette délicate occurrence, nous pensons qu'il est tout à fait indispensable de substituer notre prose à celle du narrateur que nous mettons en scène.

Est-ce à dire que nous ayons la prétention de donner à nos lecteurs quelque chose d'excellent, ou même de passable?

Loin de nous cette présomption folle que rien, hélas! ne saurait justifier, et que tout viendrait contredire.

Mais le médiocre, après tout, vaut encore mieux que le mauvais, et c'est ce qui nous encourage.

Ceci bien posé et bien entendu, nous retirons la parole à maître Love, et nous la prenons à sa place, — pour aussi peu de temps que possible.

V

LE MARQUIS DE CARNAC.

Cinquante ans avant l'époque à laquelle se passaient les faits que nous allons mettre en scène, — c'est-à-dire vers la fin du règne de Sa Majesté le roi Louis XIII, — l'*Hôtel du Diable* ne jouissait pas encore de sa mystérieuse et sinistre renommée, et s'appelait tout simplement l'Hôtel de Carnac, du nom de son possesseur.

Ce dernier, Réginald-Robert, marquis de Carnac, appartenait à une famille dont la noblesse antique se perdait dans la nuit des temps.

Il était immensément riche et il habitait son hôtel avec ses deux enfants, son fils Eudes et sa fille Gertrude.

Le marquis Réginald atteignait sa soixante-dixième année, mais il aurait été impossible de lui donner cet âge.

Doué d'une taille très-élevée et n'ayant rien perdu de la vigueur peu commune de sa jeunesse, le marquis se tenait aussi droit qu'un homme de quarante ans à peine, — sa bouche était fraîche, — ses dents intactes, ses yeux brillants, — son visage à peine ridé et coloré fortement.

Seulement des cheveux blancs comme de l'argent, et d'une singulière épaisseur, encadraient son visage de leurs masses flottantes, et ses moustaches et sa royale tranchaient comme des flocons de neige sur la teinte chaude de sa peau.

Le marquis était veuf depuis longtemps.

Son fils avait quarante-cinq ans, — sa fille atteignait sa quarante-troisième année. — Ni l'un ni l'autre n'avaient jamais paru songer au mariage.

La réputation du marquis Réginald de Carnac était étrange.

Il passait, et à bon droit, pour offrir le type achevé de la plus complète, de la plus invraisemblable avarice.

Nul ne savait où il entassait chaque année ses immenses revenus. — Il n'avait jamais rendu compte à ses deux enfants de la part de fortune qui, venant de leur mère, leur appartenait, et il les laissait manquer à peu près de tout.

Une vieille cuisinière et un valet de chambre goutteux, composaient à eux seuls la domesticité de l'hôtel.

Les vastes et magnifiques écuries qui pouvaient con

J'ai l'intention de passer un certain temps dans votre hôtellerie. (Page 4.)

tenir quarante chevaux, ne renfermaient pas seulement une mule maigre et chétive.

Les herbes parasites, croissant en liberté dans les allées du jardin, les avaient métamorphosées en une véritable prairie, et les buis et les ifs qui jadis formaient des quinconces et affectaient, grâce aux ciseaux du jardinier, des formes bizarres et symétriques, avaient grandi outre mesure, poussaient çà et là des rejets luxuriants, et constituaient un véritable bois, — bois touffu et inextricable.

Tout au plus, dans les grands froids de l'hiver, le marquis permettait-il d'allumer un peu de feu dans la pièce qui servait aux réunions de famille.

Dans ce cas, le vieux domestique allait ramasser les branches mortes sur la neige du jardin et les apportait dans la haute cheminée.

C'était là l'unique combustible dont l'usage fût toléré à l'hôtel de Carnac.

Quant à la nourriture qui suffisait, — ou du moins qui était censée suffire au vieillard et à ses enfants, — les plus pauvres familles d'ouvriers auraient refusé de s'en contenter.

On ne voyait de viande sur la table qu'une seule fois par semaine, — et encore était-ce toujours quelques morceaux de qualité inférieure et du prix le moins élevé.

Le reste du temps, on vivait de légumes et de pain noir et compact, boulangé par la cuisinière et composé d'un mélange de farine de blé, de farine de seigle et de farine de sarrazin.

Une bouteille de vin, — de fort petite dimension, — devait durer huit jours.

Un semblable régime, — nous le répétons, — ne nuisait en rien à la bonne santé et à la force de M. de Carnac.

Quant à Eudes et à Gertrude, — pauvres créatures humbles et timides, sans désirs et sans volonté, — ils étaient pâles, maigres, affaiblis et se semblaient à des spectres vivants.

Le frère et la sœur paraissaient plus âgés que leur père de dix ans, au moins.

Dans une circonstance, cependant, le marquis de Carnac n'avait point reculé devant une dépense considérable, et même il avait paru faire cette dépense avec joie.

Un jour, — les enfants du marquis étaient encore tout jeunes, — cinq ou six maçons et autant de charpentiers, appelés par M. de Carnac, avaient envahi l'hôtel.

Conduits dans les combles par le maître lui-même, — ils avaient, sous ses yeux, enlevé une partie de la toiture et construit un pavillon fort élevé, qui dominait l'édifice et que surmontait une coupole vitrée.

Ce travail achevé, des fourneaux de forme bizarre avaient été disposés tout autour des murailles de cette chambre mystérieuse, que des alambics, des cornues, des creusets et bien d'autres instruments d'un usage inconnu étaient venus encombrer.

Trois portes de bois de chêne, garnies de massives ferrures, se trouvaient placées à peu de distance les unes des autres, dans l'escalier et dans le couloir qui conduisaient à la chambre vitrée, et en rendaient l'accès impossible à tout autre qu'au marquis qui ne se démunissait jamais des triples clés de ces portes.

Les ouvriers furent payés et congédiés, et à partir du moment où tout se trouva terminé, le marquis passa dans cette pièce singulière la plus grande partie de ses journées, et ses nuits presque entières.

— Que faisait-il là?

Personne ne le savait d'une façon positive et on ne pouvait que le soupçonner.

Seulement on ne se faisait point faute de conjectures de toutes sortes qui, bien certainement, se rapprochaient de la vérité.

Souvent au milieu de la nuit, des lueurs semblables à celles d'un incendie jaillissaient de la coupole vitrée.

Ces lueurs devenaient plus vives de seconde en seconde, comme si quelque soufflet diabolique eût avivé, sans relâche, les éclats d'un feu d'enfer.

Puis, soudain, et sans transition, une profonde obscurité succédait à ces clartés étranges.

D'autres fois des feux rougeâtres remplaçaient ces rayonnements éclatants, et alors des torrents d'une fumée noire et sulfureuse s'échappaient d'une ouverture en façon de cheminée pratiquée dans la coupole.

Tout ceci, — nous ne faisons nulle difficulté d'en convenir, — dénotait clairement des pratiques d'alchimie et même de magie, et il nous paraît vraisemblable que M. de Carnac, sans la protection toute puissante de son nom et de sa fortune eût été brûlé bel et bien tout vif, comme sorcier et magicien.

Hélas! à cette époque, combien de pauvres diables, que les apparences chargeaient moins, se sont vus voués aux fagots!

Toutes les pages de ce livre ne suffiraient point à en reproduire l'interminable liste.

Bref, dans le quartier du Marais, et même beaucoup au-delà, personne ne doutait que le marquis Réginald fût en commerce réglé avec messire Satan.

Ce qui accréditait de plus en plus cette croyance, c'était la notoire irreligion du vieux seigneur.

Jamais on ne le voyait à l'église, — jamais, par conséquent, il ne s'approchait de la Sainte-Table, pas même à Pâques et aux fêtes solennelles. — Enfin on ne lui connaissait ni confesseur ni directeur de conscience, — chose énorme en ces temps de piété vive et même quelque peu intolérante.

Ce n'est pas tout.

Un jour, le marquis se trouvait par hasard dans la cour de son hôtel.

Une des poternes pratiquées de chaque côté de la grande porte était entr'ouverte.

Un malingreux, à peine vêtu de haillons sordides, et couvert d'ulcères et de lèpre, passa son bras chétif à travers l'entre-bâillement de la porte et murmura d'une voix traînarde et dolente :

— Mon bon seigneur, ayez pitié de ma misère... Faites l'aumône à un malheureux, mon bon seigneur, pour l'amour de Dieu!

Les poils de la moustache du marquis se hérissèrent comme ceux d'un chat dont on caresse le dos à rebrousse-poil.

— Je ne donne pas pour l'amour de Dieu, — répliqua-t-il d'une voix tonnante, — porte tes guenilles plus loin!

Le malingreux était un de ces bohémiens dont toute la religion consiste à n'en avoir aucune.

— Alors, mon bon seigneur, — répondit-il avec une présence d'esprit cynique, — si vous ne me donnez pas pour l'amour de Dieu, faites-moi l'aumône pour l'amour du diable!

Le marquis se prit à rire d'un air satisfait.

Il fouilla tout aussitôt dans la poche de son pourpoint, et, chose inouïe pour qui connaissait ses habitudes, il en tira une petite pièce de cuivre qu'il mit dans la main du mendiant.

— Le diable vous le rendra, mon bon seigneur! — dit ce dernier.

— Parbleu, j'y compte, — riposta le marquis.

Puis il referma la porte entr'ouverte et remonta tout guilleret à son pavillon mystérieux, en fredonnant un refrain du temps de la Fronde :

« Un vent de fronde
« A soufflé ce matin...
« Je crois qu'il gronde
« Contre le Mazarin. »

Cette petite scène avait eu des témoins, — ce dialogue avait eu des auditeurs.

Le fait fut rapporté, — répété, — commenté, — grossi, — amplifié de toutes les façons, — et Dieu et le diable savent à combien de conversations et de commentaires il servit de texte.

Ce n'est pas tout encore:

Certain vendredi, — un an jour pour jour après la construction parachevée de la chambre à coupole vitrée, — la rue de la Cerisaie fut mise en émoi par le bruit d'un galop tout à la fois lourd et rapide.

Les habitants se mirent à leurs fenêtres ou sur leurs portes, et virent passer un cheval de taille gigantesque, monté par un cavalier bizarre.

Le cheval était noir comme la nuit, avec une crinière et une queue si longues et si épaisses que l'une et l'autre tombaient jusqu'à terre.

Sous les flots de cette crinière ondoyante, les yeux du cheval semblaient lancer des étincelles.

Le souffle bruyant qui s'échappait de ses naseaux formait des jets d'une vapeur rougeâtre, pareille à celle qui jaillit d'un soufflet de forge.

Le harnais était de velours rouge, brodé d'un or fané et terni, qui traçait sur l'étoffe des figures singulières et cabalistiques.

Le cavalier, vissé sur sa selle comme un mousquetaire du roi, était un homme de cinquante ans environ, haut de près de six pieds, et de la plus fabuleuse maigreur.

Ses mains et son visage pouvaient joûter avec une préparation ostéologique, tant on en distinguait les nerfs, les muscles et les tendons, sous la peau parcheminée qui les recouvrait.

Cet étrange personnage, tenant son chapeau sous le bras gauche, avait la tête nue.

Son front découvert portait l'empreinte de trois blessures, disposées de cette façon :

*
* *

Ces blessures, — sanglantes comme si elles venaient d'être faites à l'instant avec un fer rouge, — avaient le hideux aspect de trois charbons ardents incrustés dans la chair vive.

Leur étrange apparence épouvantait et donnait le frisson de la terreur et du dégoût.

Malgré soi on détournait la tête à l'aspect de ce cavalier presque fantastique, qui d'ailleurs ne portait point le costume de son époque mais bien un vêtement tout en velours noir, avec une large fraise empesée autour du cou, selon la mode du règne de Sa Majesté le roi Henri IV.

VI

L'ÉCU D'OR.

Cheval et cavalier parcoururent au galop la rue de la Cerisaie dans toute sa longueur, suscitant, ainsi que nous venons de le dire, la curiosité et l'effroi sur leur passage.

Arrivé en face de la haute porte armoriée de l'hôtel de Carnac, le cheval aux crins noirs et aux prunelles enflammées s'arrêta court, en pliant sur ses jarrets, quoique la main qui le guidait n'eût point appuyé sur les rênes.

La porte s'ouvrit aussitôt.

L'homme et sa monture en franchirent le seuil, et les panneaux tournèrent en criant sur leurs gonds et se refermèrent derrière eux.

Une heure auparavant, le marquis Réginald avait donné l'ordre à Richard, son vieux valet, de se tenir en faction dans la cour, et, à l'instant précis où il entendrait retentir sur le pavé les sabots d'un cheval, d'ouvrir la porte sans attendre qu'on frappât.

Nous venons de voir que le fidèle serviteur avait ponctuellement obéi aux injonctions de son maître.

L'inconnu ne donna point à l'antique valet le temps de lui venir prendre l'étrier.

Il sauta en bas de son cheval avec la légèreté d'un

jeune homme. — Il caressa de sa main presque diaphane à force de maigreur les naseaux fumants du gigantesque animal, et, se dirigeant avec lui vers un des anneaux de fer scellés dans la muraille granitique de l'hôtel, il passa la bride dans cet anneau.

Quand il se retourna, Richard était debout derrière lui, s'attendant à recevoir l'ordre de le conduire auprès du marquis.

Cet ordre ne fut pas donné.

L'inconnu fixa son regard flamboyant sur le pauvre domestique interdit et qui se mit à trembler de tous ses membres.

Il fit un geste qui signifiait clairement et surabondamment :

— Ne me suivez pas !...

Et, sans prononcer une seule parole, il franchit les quelques marches du perron qui, depuis la cour, conduisait au vestibule.

Ce vestibule, — immense comme celui d'un palais, — décoré d'armures antiques et de trophées de chasse, — dallé en plaques de pierre polie, alternativement blanches et noires comme les cases d'un damier, — servait de cage à un large escalier à rampe de fer, menant aux appartements du premier étage.

A droite et à gauche s'ouvraient les portes des salles et des salons du rez-de-chaussée.

L'inconnu, — qui semblait avoir une connaissance parfaite de la distribution intérieure de l'hôtel, — s'engagea sans hésiter dans l'escalier.

Il ne s'arrêta point au premier étage et, par un escalier plus étroit, il gagna le second.

Là non plus n'était le but de sa visite, car il passa sans ralentir sa marche, et il atteignit bientôt le couloir fermé par trois portes et qui donnait accès dans la chambre vitrée pratiquée dans les combles.

Ces trois portes, si bien fermées, si bien verrouillées, si bien cadenassées d'habitude, s'ouvrirent devant lui sans qu'il eût d'autre peine à se donner que celle de les toucher du bout du doigt.

Enfin il arriva sur le seuil du mystérieux laboratoire.

Là il s'arrêta et il frappa trois coups légers contre la muraille.

— Entrez ! — cria la voix du marquis, — et, si vous êtes celui que j'attends, soyez le bien venu...

— Je suis celui que vous attendez, — repliqua le visiteur en franchissant le seuil.

Puis la porte qu'il avait poussée se referma et personne au monde ne sut ce qui se passa entre Réginald de Carnac et son hôte.

Une heure s'écoula.

Au bout de cette heure l'inconnu quitta la chambre vitrée, et, sans être reconduit par le marquis, il redescendit dans la cour de l'hôtel.

Son cheval, en le voyant, se mit à hennir avec un bruit pareil à celui que produiront sans doute les terribles trompettes du jugement dernier. — La fumée rougeâtre qui s'échappait de ses naseaux parut plus épaisse et plus flamboyante, et les fers de ses pieds de devant, en heurtant joyeusement les pavés, en firent jaillir des étincelles plus nombreuses que celles que le marteau du forgeron arrache, sur l'enclume, au fer chauffé à blanc.

L'inconnu, sans toucher l'étrier, se remit en selle d'un seul bond et dirigea son cheval vers la porte que le vieux valet venait de rouvrir en tremblant toujours.

Au moment où il passait devant Richard, l'étrange cavalier fouilla dans son escarcelle et il en tira une pièce d'or, d'un large module, qu'il laissa tomber aux pieds du vieillard.

Ce dernier, qui n'avait pas vu le geste du cavalier, vit la pièce étincelante, et la ramassant aussi vite que le lui permit la raideur de ses membres ankylosés par l'âge ; il dit d'une voix chevrotante :

— Votre Seigneurie perd un écu d'or...

L'inconnu ne répondit pas.

Seulement il fit un geste impérieux et qui ne pouvait se traduire que de cette façon :

— Gardez cet or... — je vous le donne...

Puis le cheval, comme s'il eût senti l'atteinte de deux éperons enflammés, bondit en avant, et, de son galop rapide et lourd, ébranla, comme à son arrivée, les maisons de la rue de la Cerisaie.

Bientôt le cavalier et sa monture disparurent au premier tournant.

Cependant le vieux Richard était resté seul, les yeux écarquillés et la bouche béante, avec sa pièce d'or dans la main.

De l'or !

— Un écu d'or ! — un écu qui, à en juger par le poids, devait valoir quatre-vingt-seize livres, tout au moins !

De l'or ! — dans cet hôtel du marquis de Carnac, où d'habitude on ne voyait pas de l'argent...

La chose semblait si prodigieusement invraisemblable au bon vieux Richard, qu'il ne pouvait, malgré l'évidence irrécusable, ajouter une foi pleine et entière à la réalité de ce fait inouï et invraisemblable.

Cependant l'écu d'or était bien là, — il le tenait ! — impossible d'en douter !

Richard, revenu de sa première stupeur, se mit à l'examiner avec une joie et une curiosité d'enfant.

Il sentit bientôt cette joie se glacer pour faire place à un nouvel accès de terreur.

Les figures dont l'écu d'or portait l'empreinte étaient effectivement un peu plus que bizarres.

On ne voyait, sur cette étrange monnaie, nulle effigie de roi de France, la couronne en tête et le sceptre à la main. — Aucun profil de reine ou d'empereur ne se dessinait en lignes imposantes sur la surface miroitante du précieux métal.

L'image gravée offrait un groupe fantastique — un incompréhensible et mystérieux entrelacement d'un corps de serpent.

Autour des membres de l'homme, le reptile enroulait des anneaux plus pressés que ceux des serpents de Ténédos liant dans leurs courbes implacables Laocoon et ses fils.

Etait-ce là une étreinte caressante ou mortelle ? — on ne savait.

Par un inexplicable caprice du graveur, les lois de la nature étaient interverties : — la tête plate du serpent terminait le buste de l'homme, et la face humaine s'ajustait aux derniers anneaux du reptile.

Tous les deux, l'homme et le serpent, avaient au front une étrange couronne qui ne ressemblait point aux couronnes royales de ce monde.

De magiques rayonnements s'échappaient de cet écu d'or, — les figures semblaient se mouvoir par des contractions incessantes.

Nous le répétons, Richard eut peur, — et n'y avait-il pas de quoi ?

Ce vieux serviteur d'un maître damné d'avance, était religieux jusqu'au fanatisme, — aussi bien qu'Eudes et Gertrude, le fils et la fille du marquis.

La possession de l'écu d'or que nous venons de décrire lui parut la chose la plus inquiétante, et il résolut de rassurer sa conscience en consultant son confesseur, — lequel n'était autre que le curé de la plus prochaine paroisse.

Richard profita donc du premier moment où il lui fut possible de sortir sans que son absence fût remarquée et il alla trouver le prêtre à qui il montra l'écu d'or, en lui racontant dans quelles circonstances cet écu était devenu sa propriété.

Le ministre de Dieu écouta avec une émotion manifeste ce récit singulier et ne sembla point éloigné de partager, dans de certaines proportions, l'effroi de Richard.

Il prit la pièce de monnaie suspecte, prononça sur elle

les paroles sacramentelles de l'exorcisme et l'aspergea de quelques gouttes d'eau bénite.

Cette eau consacrée, en tombant sur le disque de métal, se mit à bouillir comme si elle eût touché un fer rouge, et ne tarda point à se dissiper en vapeur.

Le prêtre redoubla.

On vit alors l'écu changer de couleur, — les rayonnements de l'or s'éteignirent peu à peu, — les figures de l'empreinte s'effacèrent comme s'effacent ces images vagues qu'on distingue parfois dans les capricieux écroulements d'une braise enflammée.

Bref, au bout de quelques secondes, le précieux métal s'était métamorphosé en un plomb vil dont la surface offrait, pour toute empreinte, trois stygmates pareils à ceux qui flétrissaient le front de l'inconnu, et disposés de la même façon :

*
* *

— Mon enfant, — dit alors le prêtre au vieux Richard, — vous avez bien fait de venir me trouver ; — cet or funeste était un présent du démon, et, avec ce présent, Satan voulait acheter votre âme... — vous venez d'échapper à un grand péril, — allez en paix et remerciez Dieu...

Le valet, tout joyeux et tout à l'âme soulagée d'un pesant fardeau, regagna l'hôtel de Carnac, se promettant bien, si l'inconnu sinistre reparaissait, de l'accueillir avec force exorcismes et force signes de croix.

Mais, dans sa prudence, il ne jugea point convenable de faire part aux enfants du marquis de ce qui venait de se passer.

Il craignait, en révélant à Eudes et à Gertrude le terrible mystère de la visite d'un esprit des ténèbres, de détruire en leur âme tout respect et toute affection pour leur père.

Il espérait d'ailleurs que cette visite ne se renouvellerait pas, ce qui ne l'empêchait point de trembler de tous ses membres lorsque le pas d'un cheval retentissait en approchant de l'hôtel.

VII

LES VISITES DU VENDREDI.

Pendant encore six jours, les inquiétudes du bon vieux Richard ne semblèrent point justifiées par l'événement.

Mais le septième jour, — le vendredi de la semaine suivante, — à la même heure que le précédent vendredi, — Réginald de Carnac donna l'ordre à son valet de se tenir tout prêt à ouvrir la porte d'honneur au visiteur inconnu.

Richard ne put que balbutier une formule de passive obéissance, et, plus mort que vif, il se rendit au poste qui lui était assigné, tout en faisant, sinon du geste, du moins d'intention, des signes de croix réitérés, et en murmurant sans relâche :

— *Vade retro, Satanas!!*

Mais voici que, soudain, le galop du cheval noir ébranla les pavés de la rue.

Le bruit de ce galop terrible s'arrêta net en face de l'hôtel.

Richard aurait bien voulu laisser la porte fermée, mais une sorte de puissance surnaturelle, plus forte que sa volonté, le contraignit à ouvrir sans retard.

Le cavalier aux trois blessures et son coursier sombre entrèrent dans la cour.

L'inconnu s'élança de la selle sur le pavé, et conduisit sa monture jusqu'à l'anneau de fer auquel il l'attacha.

Ceci se fit en moins de quelques secondes.

Richard, qui venait de repousser et d'assujétir les doubles battants de la porte, s'arma de tout son courage et se dirigea vers l'étrange visiteur, bien résolu à essayer sur lui l'effet de ses signes de croix et de ses exorcismes.

Déjà ses lèvres s'entr'ouvraient pour articuler :

— *Vade retro...*

Déjà sa main droite se soulevait afin de s'approcher de son front et de commencer ainsi le signe du salut.

Mais l'inconnu, comme s'il eût deviné la pensée du vieux serviteur, comme s'il eût résolu de prévenir son geste, l'inconnu, disons-nous, s'arrêta en face de lui et le couvrit tout entier d'un regard long et pesant.

Sous le choc de ce regard, Richard se sentit plier et défaillir comme un homme que l'apoplexie va foudroyer.

Il lui devint complètement impossible d'achever la formule de l'exorcisme ; — impossible aussi de poursuivre le geste commencé.

Pendant quelques minutes il sembla changé en statue, et ses forces physiques et morales ne lui revinrent que lentement.

Cependant l'inconnu s'était éloigné de lui et, de son pas ferme et rapide, avait franchi les marches du perron.

Comme le vendredi précédent, il monta droit à la chambre vitrée.

Comme le vendredi précédent, il s'enferma avec le marquis de Carnac.

Au bout d'une heure, il redescendit seul.

Il remonta sur son cheval impatient, et, en passant devant Richard, il laissa tomber, — comme le vendredi précédent, — un écu d'or à ses pieds.

Puis il lança sa monture au grand galop et disparut avec la rapidité de la foudre à l'autre bout de la rue.

Le vieux valet, — avons-nous besoin de le dire ? — ne ramassa point la pièce d'or.

Les faits que nous venons de raconter se renouvelèrent la semaine suivante d'une façon parfaitement identique, — et, non-seulement la semaine suivante, mais chaque vendredi, pendant plusieurs années.

Le marquis de Carnac, après chacune de ces visites mystérieuses, restait enfermé dans la chambre vitrée pendant quelques heures et n'en sortait qu'aux sons de la cloche mise en branle par Richard et annonçant le très-frugal repas du soir.

Nous avons dit que le cheval noir et son cavalier excitaient dans le quartier autant de curiosité que d'effroi ; — et la chose se comprend sans peine.

Nous devons ajouter que, chez certains bourgeois, la curiosité fut plus forte que l'épouvante, et ces braves gens, doués sans contredit d'une âme bien vigoureusement trempée, résolurent de savoir ce que devenait, en quittant l'hôtel, l'hôte fantastique du marquis.

En conséquence, ils s'embusquèrent sur le passage de l'inconnu et le suivirent à maintes reprises.

Mais aucun résultat satisfaisant ne vint couronner ces tentatives.

Après de longs détours dans les rues de Paris, cheval et cavalier disparaissaient dans les alentours du cimetière des Innocents, sans qu'il fût possible de suivre plus loin leurs traces, ni de deviner comment et en quel endroit ils avaient pu s'évanouir ainsi.

On finit par se lasser de cette poursuite inutile, et, peu à peu, on cessa de se préoccuper de cet impénétrable mystère.

Le jour et l'heure d'une terrible catastrophe approchaient.

Il n'avait pas été possible de cacher indéfiniment à Eudes et à Gertrude la nature des visites hebdomadaires que recevait le marquis.

Tous les deux avaient éprouvé une douleur profonde en apprenant ce fatal secret, et, chaque vendredi, ils se réunissaient dans la chambre de Gertrude située précisément au-dessous du cabinet vitré, et aussitôt que le cheval noir venait de faire son entrée dans la cour ils se jetaient à genoux au pied d'un crucifix, et ils unissaient leurs prières ardentes pour demander à Dieu d'avoir pitié de l'âme de leur père et de l'arracher des griffes de l'esprit du mal.

La touchante supplication de cette piété filiale si vive et si pure ne devait, hélas! point être exaucée...

Un vendredi, — le Vendredi-Saint, — l'inconnu arriva à l'heure habituelle.

Comme de coutume Eudes et Gertrude se mirent en prières.

Leurs prières, ce jour-là, furent courtes.

A peine venaient-ils de s'agenouiller et d'élever leurs âmes vers le ciel, qu'un bruit étrange et inusité se fit entendre, descendant jusqu'à eux à travers les massives poutres du plafond.

Ce bruit, c'était la rumeur confuse d'une discussion violente et emportée.

Les éclats de deux voix colères se succédaient sans relâche et parfois se mêlaient. — Dans l'une de ces deux voix, Eudes et Gertrude reconnaissaient facilement celle de leur père.

Tremblants de frayeur, palpitants d'angoisse, le frère et la sœur se tenaient par la main, — prêtant l'oreille, — voulant prier et ne pouvant pas.

Tout à coup le rauque murmure des voix s'éteignit...
Un pas lourd ébranla les solives épaisses...
Une porte s'ouvrit et se referma...
Le visiteur s'éloignait...

Eudes et Gertrude se dirent que sans doute leur père venait d'échapper à quelque danger terrible, et ils remercièrent Dieu qui l'avait protégé.

. . . .

La cloche de l'hôtel annonça le souper.

Le marquis Réginald descendit à cet appel et se dirigea vers la salle à manger commune.

Eudes et Gertrude l'y attendaient.

En voyant leur père paraître sur le seuil, le frère et la sœur poussèrent à la fois un cri de stupeur et d'épouvante.

C'est qu'en effet le marquis n'était plus reconnaissable.
Nous l'avons dépeint comme un vieillard vigoureux et bien conservé, — plein de vivacité et de verdeur sous ses longs cheveux blancs, — la lèvre rouge, — le teint coloré, — l'œil brillant, — la démarche ferme et hardie.

Tel il avait paru le matin encore.

Tout cela était changé, — métamorphosé, — détruit.

En quelques heures le marquis avait vieilli de plus de vingt ans.

La mort couvrait sa face livide, — molle, — ridée, — cadavéreuse.

Sa lèvre décolorée pendait.

Ses prunelles éteintes disparaissaient au fond des orbites profondes et charbonnées.

Réginald de Carnac ne marchait plus, il se traînait d'un pas incertain et chancelant.

Vous avez vu, sans doute, sur les rives de la Loire et du Rhin, quelqu'un de ces donjons élancés au milieu des nues, dernier reste d'un château féodal, débris intact encore et qui semble défier, dans sa masse imposante, les ravages du temps.

L'orage se forme, — le tonnerre gronde, — le donjon foudroyé, qu'on croyait immortel, tremble sur sa base, s'écroule avec fracas et n'est plus qu'une ruine nouvelle au milieu des ruines.

Le marquis était pareil à ce donjon féodal.

Comme lui il avait été foudroyé.

— Mon père... mon père... — s'écria Eudes, en courant au-devant du vieillard et en lui saisissant le bras pour le soutenir, — au nom du ciel, qu'avez-vous?

Réginald ne répondit pas.

Seulement il secoua la tête en attachant sur son fils un regard plein d'un étonnement stupide, — un de ces regards qui sont particuliers aux vieillards tombés en enfance.

— Mon père, — demanda Gertrude à son tour, — que vous est-il arrivé? — je vous en supplie... je vous le demande à genoux... répondez-moi...

Réginald continuait à garder le silence, secouait toujours la tête et regardait successivement son fils et sa fille avec une fixité effrayante, car il n'y avait dans ses prunelles atones ni pensée, ni intelligence.

Les paroles qui lui étaient adressées frappaient peut-être son oreille, mais, à coup sûr, elles ne présentaient aucun sens à son esprit.

Autant que le lui permettait l'excessive faiblesse de ses membres, il faisait quelques efforts pour s'approcher de la table sur laquelle le repas était servi.

Eudes et Gertrude comprirent cet instinctif désir, — ils soutinrent chacun d'un côté la marche chancelante de leur père, — ils l'assirent sur son grand fauteuil blasonné, et ils placèrent devant lui un peu de cette grossière nourriture à laquelle son avarice condamnait depuis si longtemps lui-même et ceux qui l'entouraient.

Le marquis parut vouloir manger, mais ses organes s'affaiblissaient de seconde en seconde. — Sa fourchette retomba sur la table avant d'avoir atteint ses lèvres.

Eudes remplit un gobelet d'argent du vin si parcimonieusement mesuré.

Il le versa, lentement et goutte à goutte, dans la bouche du vieillard qui sembla se ranimer un peu.

Un coloris plus vif remplaça pour une minute la morne pâleur de ses joues, — une étincelle de vie brilla dans son regard.

VIII

MYSTÈRE.

Cette éphémère résurrection ne dura d'ailleurs qu'un instant. — La tête du marquis retomba sur sa poitrine, — sa lèvre redevint pendante, — l'étincelle de son regard s'éteignit, et il sembla, sinon s'endormir, du moins s'abîmer dans une de ces somnolences, moitié veille et moitié sommeil, qui sont habituelles aux vieillards et aux petits enfants.

La salle à manger de l'hôtel Carnac offrait en ce moment un aspect d'une incroyable originalité, et qui, certes, aurait mérité à plus d'un titre de fixer les pinceaux d'un grand artiste.

Cette salle à manger, contemporaine de François Ier, était décorée et meublée avec un luxe et même une magnificence extrêmes, formant avec la prodigieuse avarice du propriétaire actuel un contraste frappant.

Le plafond, partagé en caissons réguliers par des poutrelles enchevêtrées avec art et couvertes de délicieuses sculptures, était peint des plus vives couleurs.

Dans chacun des compartiments éclataient le vermillon et l'azur, rehaussés par des filets d'or.

Contre la tenture de cuir de Cordoue gauffré, se détachaient d'immenses et magnifiques bahuts en chêne noir, fermés par des glaces de Venise taillées à biseau, et remplis d'une splendide vaisselle d'argent, non moins précieuse par son poids et par la valeur du métal, que par l'admirable travail artistique de la main-d'œuvre.

La table carrée en chêne, à pieds tors, entourée de chaises sculptées, garnies de velours sombre et de longues franges retenues par des clous à têtes aiguës irrégulières, supportait un misérable repas composé de quelques légumes cuits dans l'eau, servis sur des plats de la plus grossière faïence, et accompagnés d'un morceau de pain noir et d'une assiette de noix sèches.

Au milieu de cette table, une petite lampe de cuivre à un seul bec répandait sa clarté vacillante et insuffisante qui ne pouvait atteindre jusqu'aux recoins de cette vaste pièce et qui attachait de vagues reflets aux rinceaux dorés du plafond et aux arêtes vives des aiguières ciselées et des plats d'argent renfermés dans les bahuts.

Quatre personnages étaient en scène dans ce décor bizarre et grandiose.

C'était d'abord, affaissé dans son fauteuil immense, le marquis de Carnac, plus semblable à un spectre qu'à un vivant, et dont les mains molles et blafardes offraient ce tressaillement convulsif qui presque toujours annonce l'agonie prochaine.

A sa droite et à sa gauche se trouvaient Eudes et Gertrude, ces deux enfants presque vieillards et qui se penchaient sur leur père avec tous les symptômes de la plus dévorante anxiété.

De grosses larmes coulaient des yeux de Gertrude et roulaient une à une sur sa figure chétive, amaigrie par la mauvaise nourriture et les privations de toutes sortes.

Eudes ne pleurait pas, mais son visage contracté exprimait une poignante douleur.

En face de ce groupe, et de l'autre côté de la table, Richard, le bon vieux valet, levait ses mains et ses yeux vers le ciel, et semblait prendre Dieu à témoin que depuis longtemps il prévoyait un dénouement sinistre à l'existence impie de son maître.

Le marquis s'affaiblissait de plus en plus.

On devait croire que, d'une minute à l'autre, le dernier souffle allait s'exhaler de ses lèvres défaillantes.

Eudes versa dans le gobelet d'argent le reste du vin que contenait l'unique bouteille placée sur la table, et, comme la première fois, il fit couler ce vin goutte à goutte dans la bouche de son père.

Comme la première fois aussi, M. de Carnac se ranima soudainement.

Le bruit des sanglots de Gertrude parut arriver à son oreille.

Il leva la tête, regarda sa fille en face, et d'une voix tellement changée qu'elle était méconnaissable, il lui demanda :

— Pourquoi pleurez-vous ainsi ?...

— Pourquoi je pleure, mon père ? — répondit Gertrude, — je pleure parce que vous paraissez souffrir...

— Non, — dit le vieillard, — je suis bien... — j'ai eu un moment de faiblesse, mais voici que la force me revient.

Et, en effet, appuyant ses deux mains sur la table, il parvint à se mettre debout sans être aidé ni soutenu par personne.

Mais, ainsi dressé, il chancelait comme un homme ivre qui va tomber.

— Oui, certes, — murmura Eudes en ce moment, — vous êtes aussi fort que vous l'avez jamais été, mon père, et votre vie sera longue encore... mais ne pensez-vous pas, cependant, qu'il faudrait mettre ordre aux affaires de votre conscience, et vous réconcilier avec Dieu ? — Voulez-vous que j'envoie chercher un prêtre ?...

— Dieu ?... un prêtre ?... — répéta M. de Carnac d'un air égaré.

En prononçant ces mots, ses sourcils se fronçaient de façon à ce que les rides de son front dessinassent l'empreinte nette et distincte d'un fer à cheval, semblable à celui de ce Redgauntlet dont Walter Scott nous a raconté la terrible légende.

Puis un éclat de rire strident et sinistre s'échappa de ses lèvres et il répliqua :

— Un prêtre... à moi ?... un prêtre !... — Ah ! çà, monsieur mon fils, vous êtes fou !...

— Mais, mon père, — balbutia Eudes.

— Assez ! — dit le vieillard avec un accent impératif.

Et, sans ajouter un seul mot, il essaya de se diriger vers la porte.

Mais ses muscles détendus le trahissaient à chaque pas, — il s'efforçait de marcher et il n'avançait point.

— Mon père, — demanda Eudes, — où voulez-vous aller ?...

— Là-haut, répliqua le marquis.

— Dans la chambre vitrée ? — s'écria Eudes avec terreur.

M. de Carnac fit un signe affirmatif.

— Au nom du ciel, mon père, ne retournez pas dans ce lieu maudit.

— Il le faut.

— Mon père, je vous le demande à genoux, ayez pitié de nous et de vous-même...

Le marquis, pour la seconde fois, fronça ses sourcils d'un air menaçant.

— Monsieur mon fils, — dit-il ensuite, — vous voyez bien que je ne puis marcher... aidez-moi...

En ce temps-là, quand un père commandait, les enfants ne savaient qu'obéir.

Eudes vint se placer à la droite de son père, tandis que le vieux Richard se tenait prêt à le soutenir de l'autre côté.

M. de Carnac s'appuya sur l'épaule de son fils et sur celle de son valet, — tous trois gagnèrent la porte, traversèrent le vestibule et s'engagèrent dans l'escalier.

Gertrude, restée seule, était tombée à genoux et priait en pleurant amèrement.

Les trois hommes atteignirent l'étage le plus élevé.

Le marquis ouvrit successivement les trois portes du couloir, — puis celle de la chambre vitrée dans laquelle il entra seul.

Il referma la dernière porte derrière lui et Eudes et Richard l'entendirent pousser les verrous.

Puis un silence profond régna dans l'hôtel tout entier.

— Hélas ! — murmura Eudes, — je ne sais quel pressentiment me dit que nous ne reverrons plus vivant mon pauvre père... — prions, Richard... prions pour lui...

Le reste de la soirée s'écoula dans la prière, — dans la tristesse, — dans les larmes.

Puis la nuit tout entière...

Puis la matinée du lendemain...

La cloche de l'hôtel annonça le repas de midi.

M. de Carnac ne descendit point.

Eudes, dévoré d'une légitime inquiétude, alla frapper à la porte de la chambre vitrée.

L'écho s'éveilla, puis se rendormit ; — mais ce fut tout.

— Mon père... — dit Eudes d'une voix faible d'abord, puis plus forte.

Le silence seul lui répondit.

— Mon père... mon père... — cria-t-il alors, — ne voulez-vous pas m'entendre ?... mon père, écoutez-moi... mon père, répondez-moi !

Même silence.

— Seigneur, mon Dieu ! — pensa Eudes, — il est mort ! — mort sans confession !..... sans repentir peut-être !... Seigneur, ayez pitié de son âme !...

Et, se jetant à deux genoux près de la porte fermée, il récita, d'une voix entrecoupée de sanglots, les versets du *De profundis*.

§

Cependant il devenait indispensable de pénétrer dans la chambre vitrée, afin d'en retirer le cadavre de M. de Carnac et de lui rendre les honneurs funèbres.

Eudes, devenu par la mort de son père marquis de Carnac, essaya de forcer la porte avec l'aide du vieux Richard.

Mais cette porte était en bois de chêne, intérieurement doublée en fer et, — littéralement, — à l'épreuve du boulet.

De quadruples verrous d'acier mordaient profondément le granit des assises, défiant toute tentative extérieure.

Bref, les efforts combinés des deux hommes n'eurent pas même pour résultat d'ébranler cet insurmontable obstacle.

Il fallut, pour le battre en brèche, appeler des tailleurs de pierre et des forgerons. — De larges entailles furent pratiquées autour des gonds, dans le granit, — on organisa un système de leviers puissants, et enfin au bout de trois heures, la porte descellée tomba en dedans.

Il devint possible alors de pénétrer dans la chambre

vitrée et de l'explorer tout entière d'un seul regard, car elle ne contenait ni cabinets, ni cachettes, ni réduits d'aucune sorte.

Chose plus étrange, plus prodigieuse, plus inexplicable que tout ce qui précède!...

Cette chambre, — remplie d'une vapeur sulfureuse épaisse et infecte, — était vide!...

Le marquis Réginald de Carnac ne s'y trouvait ni mort ni vivant!...

Nous n'entreprendrons point de décrire la stupeur causée chez tous les assistants par cette disparition incompréhensible et qui sortait d'une façon si absolue de l'ordre des choses naturelles et raisonnables.

Le quartier tout entier fut en rumeur avant la fin du jour. — Une foule compacte et haletante de curiosité faisait invasion dans la rue et s'étouffait aux portes de l'hôtel.

Pour contenir cette foule il fut indispensable de requérir l'assistance de la force armée.

Chacun disait et chacun répétait que le corps du vieux marquis Réginald avait été emporté par le démon auquel, depuis si longtemps déjà, son âme appartenait sans conteste.

Cette rumeur populaire, avons-nous besoin de l'affirmer, ne trouva dans Paris que bien peu d'incrédules.

Eudes ne négligea rien de ce qui pouvait imposer silence à ces bruits si déshonorants pour le mort.

Or, la seule manière d'amener un revirement dans l'opinion, était de retrouver le cadavre disparu.

Eudes appela à son aide un légion d'ingénieurs, de maçons, de charpentiers et de serruriers.

La chambre vitrée fut explorée et sondée dans toutes ses parties. — On fit des recherches et des perquisitions de même nature dans l'hôtel entier, depuis les combles jusqu'aux caves.

La police se livra de son côté aux investigations les plus actives, — tout cela ne produisit qu'un résultat négatif; — nulle lumière ne jaillit sur le mystère qu'il s'agissait d'éclaircir.

Au dix-septième siècle, pas plus qu'aujourd'hui, la justice criminelle n'a beaucoup aimé ce qu'elle ne comprenait pas.

Messieurs les juges au Châtelet, moins disposés à ajouter foi au merveilleux et au fantastique que le reste des habitants de la grande ville, conjecturèrent, d'une façon fort logique en apparence, que, puisque le marquis de Carnac ne se retrouvait pas, c'est qu'on l'avait fait disparaître.

Or, qui pouvait avoir un intérêt quelconque à cette disparition?

Ses héritiers directs, c'est-à-dire ses deux enfants.

En conséquence, Eudes et Gertrude apprirent à l'improviste qu'ils étaient sous le coup de l'accusation foudroyante d'avoir assassiné leur père et détruit son cadavre pour anéantir en même temps toute preuve de leur crime.

Les malheureux enfants du marquis Réginald, ainsi inculpés de parricide, furent appréhendés au corps et conduits en prison, — on arrêta en même temps leur vieux et fidèle serviteur Richard.

L'affaire s'instruisit lentement et, pendant plusieurs mois, l'issue vraisemblable de cet étrange et mystérieux procès criminel, — pour les péripéties duquel nous renvoyons nos lecteurs aux *Annales des Causes célèbres*, — préoccupa la cour et la ville.

Enfin l'arrêt intervint, près d'un an après l'événement qui avait motivé l'accusation.

Eudes et Gertrude furent absous, faute de preuves, mais le lieutenant criminel déclara, en donnant lecture de l'arrêt, que leur innocence était bien loin de lui paraître clairement démontrée.

Richard avait cessé de vivre pendant le cours de sa captivité.

Les deux enfants du marquis Réginald jouirent peu de la liberté qui venait de leur être rendue.

Ils n'avaient ni l'habitude de posséder une grande fortune, ni le désir de s'en faire honneur et de se procurer des jouissances de luxe, de bien-être et de vanité.

Ni l'un ni l'autre ne pensaient au mariage, et leurs idées se tournaient au contraire vers l'existence religieuse et contemplative.

Le frère et la sœur renoncèrent donc sans regrets aux périssables biens de ce monde pour se consacrer entièrement à Dieu, et pour s'efforcer de racheter ainsi, à force de mortifications et d'austérités, la vie coupable de leur père et sa déplorable fin.

Eudes entra dans un couvent de l'ordre des Dominicains.

Gertrude fit profession chez les Carmélites de la rue du Bouloy.

Tous deux moururent quelques années après, — presque en même temps, — et en odeur de sainteté.

Leur fortune fut partagée entre les plus proches héritiers du sang. — Ces héritiers étaient riches, et nul d'entre eux ne voulut habiter l'hôtel Carnac que la voix du peuple commençait à flétrir de cette appellation sinistre : — *Hôtel du Diable*.

Ils donnèrent à un procureur les pouvoirs les plus étendus, à l'effet de vendre ou de louer cet immeuble, à n'importe quel prix.

Mais une suspecte renommée planait sur ces murailles séculaires.

Beaucoup de gens croyaient de bonne foi qu'ils attireraient sur leur tête la colère de Dieu, en habitant ces lieux hantés jadis par le démon.

D'autres n'osaient se poser en esprits forts, presqu'en incrédules, en affrontant un préjugé parfaitement reçu et profondément enraciné.

Bref, depuis cinquante ans, l'hôtel de Carnac ou l'*Hôtel du Diable* restait désert, et depuis cinquante ans ni un acheteur ni un locataire ne s'étaient présentés.

IX

NARCISSE PIGEON.

Maître Love, l'intendant prétendu de lady Guilfort, termina son récit.

Sans doute il ne s'était point servi des expressions employées par nous, mais le fond de sa narration et celui de la nôtre avaient été identiques.

— Eh bien? — demanda-t-il, après avoir vidé d'un seul trait son verre rempli de vin d'Espagne, — eh bien! qu'en dis-tu?...

— Je dis, — répliqua la jeune femme, — que je ne crois pas un seul mot de ce que tu viens de me raconter...

— Bah!

— C'est comme ça.

— Tu as tort.

— Laisse-moi donc en repos!... — pas plus que moi tu n'ajoutes foi à toute cette légende fantastique!...

— Cependant il est un fait parfaitement certain, irrécusable et prouvé...

— Lequel?

— La disparition du marquis, — son corps n'a point été retrouvé...

— Est-ce bien démontré, cela?

— Ce n'est point discutable, — le procès en fait foi surabondamment.

— Soit, — je consens à admettre qu'on n'a pas retrouvé ce corps...

— Et que conclus-tu de cela?

— Je conclus qu'on a mal cherché.

— Songe que la police s'en est mêlée, ma chère, et n'a rien négligé pour arriver à un résultat...

Le marquis ouvrit successivement les trois portes du couloir. (Page 14.)

Milady se mit à rire.
— Ah! maintenant, — dit-elle ensuite, — je vois bien que tu plaisantes...
— Pourquoi donc?
— Parce que tu sais aussi bien que moi que la police, — comme ces impies dont parle le psaume, — *a des yeux pour ne point voir, des oreilles pour ne point entendre...* — ce qui, par parenthèse, est fort heureux pour nous.
— Je n'entreprendrai pas avec toi une discussion sans utilité, à propos des faits plus ou moins erronés sur lesquels se base cette rumeur populaire qui représente l'hôtel Carnac comme un lieu maudit... — l'essentiel est que cette croyance existe et qu'elle serve nos intérêts...
— En cela tu as parfaitement raison.
— C'est, selon moi, un coup de fortune que de trouver ainsi, presque sans chercher, un hôtel qui plus qu'aucun lieu du monde me paraît propice à l'usage que nous en voulons faire... — es-tu de mon avis?
— Complètement.
— Je pense que nous devons saisir l'occasion aux cheveux et en finir le plus tôt possible...
— Je le pense aussi.
— Alors rien ne nous empêche de terminer aujourd'hui même... il ne s'agit que de voir le procureur chargé de la location ou de la vente, — de visiter l'hôtel et de devenir, aussitôt après, acquéreurs ou locataires...
— Quel est ce procureur?
— Un brave homme qui s'appelle Narcisse Pigeon et qui demeure rue de l'Hirondelle...
— Eh bien, voyons maître Narcisse Pigeon aujourd'hui... — Quelle heure est-il?
— Pas tout à fait une heure.
— Nous avons tout le temps nécessaire, — je vais m'habiller, — charge-toi de donner des ordres afin qu'on mette les chevaux à mon carrosse, et nous gagnerons incontinent la rue de l'Hirondelle...
Le faux intendant approuva fort cette façon d'agir et sortit pour faire atteler, tandis que milady, avec l'aide de la vieille Déborah, faisait une toilette qui devait attirer sur elle tous les regards, par sa richesse et son élégance.

Trois quarts d'heure ne s'étaient pas encore écoulés que déjà milady, plus éblouissante que le soleil levant, quittait son appartement, montait dans le somptueux carrosse que nous avons décrit et s'étendait nonchalamment sur les coussins du fond, tandis que maître Love, la tête découverte, s'asseyait modestement en face d'elle dans une attitude respectueuse et discrète.

Les deux laquais s'installèrent derrière le carrosse, — le gros cocher toucha du bout de son fouet ses chevaux, qui, après avoir notablement piaffé et caracolé, partirent au grand galop dans la direction indiquée.

Narcisse Pigeon, procureur qui jouissait d'une fort grande réputation de probité, occupait, rue de l'Hirondelle, une partie de maison dite *Maison de François I*[er].

C'est dans cette maison, à ce qu'affirme la chronique, qu'a logé jadis madame de Chateaubriant, une des maîtresses du roi gentilhomme.

Cette demeure historique est trop connue d'ailleurs, et a été trop souvent reproduite par la lithographie et par la gravure, pour que nous jugions nécessaire d'en donner une description quelconque.

Le carrosse aux panneaux de couleur amarante s'arrêta devant la porte.

Un des valets de pied s'en alla aux informations et revint annoncer que maître Narcisse Pigeon était au logis.

Lady Guilfort descendit de voiture, et, daignant s'appuyer sur le bras que son intendant lui offrait respectueusement, elle entra dans la maison et s'engagea dans la spirale quelque peu obscure de l'escalier à vis qui conduisait au premier étage.

Grande était en ce moment la rumeur dans l'étude du tabellion.

Comment, s'écria-t-il, Milady achète l'*Hôtel du Diable!* Page 18.)

Les fenêtres de cette étude donnaient sur la rue. — Messieurs les basochiens, à cette époque aussi bien qu'aujourd'hui, ne faisaient point profession d'une bien vive assiduité au travail, et il était rare que deux ou trois n'eussent point le nez collé contre les vitres, — témoignant ainsi qu'ils préféraient le spectacle animé et mouvant de la rue, à la senteur nauséabonde qui s'exhalait du papier timbré.

Le petit clerc, placé au vitrage comme une vigie dans la hune du grand mât d'un navire, avait constaté d'abord et signalé à ses collègues le fait digne de remarque d'un équipage luxueux s'arrêtant devant la maison.

Quelques secondes après, un valet de pied en livrée splendide s'était présenté dans l'étude, annonçant que sa maîtresse, noble et puissante dame lady Guilfort, désirait parler au tabellion Narcisse Pigeon, pour affaire importante.

Le maître clerc répondit que son patron était dans son cabinet et qu'il se mettrait à l'instant même et avec empressement aux ordres de la noble visiteuse.

Le valet de pied redescendit.

On prévint en toute hâte maître Pigeon, et ce fut dans l'étude un incroyable tumulte causé par l'attente et la curiosité, jusqu'au moment où la porte se rouvrit pour la seconde fois et où milady parut appuyée au bras de son intendant.

Un profond silence s'établit aussitôt comme par enchantement, et certes il eût été possible et facile d'entendre voler une mouche tandis que la jeune femme, pour se rendre au cabinet de maître Pigeon, traversait l'étude sous le feu croisé des regards admirateurs que tous les jeunes gens fixaient sur elle.

Milady s'apercevait à merveille de cette admiration non équivoque, — mais, au lieu de baisser les yeux et de rougir, ainsi que n'aurait point manqué de le faire quelque petite bourgeoise en pareille occurrence, elle soutint avec une parfaite aisance le feu qui s'échappait de toutes ces prunelles juvéniles, et passa, la tête haute, ainsi qu'une véritable grande dame.

Maître Narcisse Pigeon, l'échine ployée en deux dans une interminable salutation, attendait la nouvelle venue sur le seuil de son cabinet dont il referma la porte avec empressement aussitôt que milady fut entrée et eut pris place dans le fauteuil *qui lui tendait les bras*, — pour parler le jargon des *précieuses* de l'époque.

Le digne tabellion, dont nous ne voulons esquisser qu'un rapide croquis, car il n'est point appelé à jouer un rôle dans cette histoire, offrait la physionomie pillarde et quelque peu coquine de ces suppôts de la chicane que Boileau-Despréaux a mis en scène dans les chants de son *Lutrin*.

Ce procureur, très-grand, très-maigre et strictement vêtu de noir, avait une petite tête pointue couronnée par une vieille perruque placée de travers et que soulevait du côté gauche une majestueuse plume d'oie placée derrière l'oreille.

Rien ne se pourrait imaginer de plus invraisemblablement laid et grotesque que le visage du procureur.

Figurez-vous un front déprimé et fuyant, — deux petits yeux gris et vairons qui ne regardaient jamais en même temps du même côté, — un nez long et mince, recourbé en forme de bec d'oiseau de proie, — une bouche immense et démeublée allant de l'une à l'autre oreille et qui semblait avoir été fendue d'un coup de couteau, car les lèvres minces et blafardes étaient à peine visibles.

Ornez cette bouche d'un sourire perpétuel, — parfois ironique, — souvent obséquieux, — toujours faux, — et vous aurez une idée assez exacte du visage du procureur.

Tout le reste de l'individu était à l'avenant.

La sordide malpropreté du vêtement noir qui couvrait sa charpente osseuse semblait défier la brosse.

Les mains étaient noueuses et sales, avec des ongles en deuil.

Les pieds, larges et plats, s'étalaient dans des souliers

2.

.ernes, à boucles de cuivre que le vert-de-gris rongeait.

Voilà l'homme !

Quant au cabinet, nous n'en dirons rien, — si ce n'est qu'on n'aurait pu trouver de meilleur cadre pour la vilaine silhouette que nous venons de tracer à grands traits.

Une fade et nauséabonde odeur de papier moisi et de vieux parchemin s'échappait des sacs de procédure accumulés contre les murs.

Cette odeur était si fétide que milady sentit son cœur se soulever, et qu'elle fut obligée d'appuyer contre ses narines roses et délicates son mouchoir imprégné de parfums.

Cependant Narcisse Pigeon continuait à prodiguer les salutations et les révérences, tantôt à milady, qui s'était assise ainsi que nous l'avons dit, tantôt à maître Love, l'intendant, debout derrière le fauteuil de sa maîtresse.

La jeune femme coupa court à tous ces baise-mains.

— Monsieur, — dit-elle au tabellion, — je viens chez vous pour une affaire importante...

— Ce m'est un précieux et inestimable honneur... — balbutia le procureur.

— Cette affaire, — poursuivit milady, — peut, je le crois du moins, se terminer sur-le-champ.

— De quoi s'agit-il, madame?

— Mon intendant va vous l'expliquer.

Narcisse Pigeon se tourna vers maître Love et l'interrogea du regard.

— Monsieur le tabellion, — dit l'intendant, — c'est vous, m'a-t-on dit, qui êtes chargé des intérêts de MM. de Navailles, seuls et uniques héritiers des deux enfants du marquis de Carnac, décédé il y a environ cinquante ans...

— En effet, — répondit Narcisse Pigeon, — c'est bien moi...

— Parmi les valeurs de la succession se trouve un immeuble...

— Plusieurs, monsieur, plusieurs...

— Sans doute, mais il n'est question, en ce moment, que d'un seul d'entre eux.

— Lequel?

— Un hôtel, situé rue de la Cerisaie.

M. Pigeon fit un brusque mouvement de surprise.

— L'*Hôtel du Diable !*... — s'écria-t-il.

— Précisément.

— Et que pouvez-vous avoir à me dire au sujet de l'*Hôtel du Diable* ?

— J'ai à vous demander d'abord quel en est le produit annuel ?

— Le produit annuel de l'*Hôtel du Diable* ?

— Oui.

— Plaisantez-vous ?

— En aucune façon.

— Alors, monsieur, je vois avec regret que vous n'êtes pas au courant...

— Au courant de quoi ?

— Des faits qui se sont passés dans ledit hôtel.

— C'est ce qui vous trompe. Je connais tous les détails de la légende en question.

— Et vous persistez dans votre question ?

— J'y persiste.

— Eh bien! monsieur, le produit de l'*Hôtel du Diable* est actuellement nul ; — hôtel et jardins sont une non-valeur de la succession. — Il n'existe qu'un seul moyen de tirer de ces bâtiments et de ces terrains un parti quelconque ; et, ce moyen, nous allons l'employer...

— Peut-on le connaître ?

— Parfaitement. — MM. de Navailles vont faire raser l'hôtel ; — on vendra les matériaux, si quelques acquéreurs se présentent, — et on louera les jardins à des maraîchers qui les utiliseront tant bien que mal.

— Ces projets de démolition me paraissent constituer une ressource fort triste et fort incertaine...

— C'est exact, mais puisqu'il n'y en a pas d'autres.

— Combien pensez-vous qu'il soit possible de retirer des matériaux et des terrains ?

— Une quinzaine de mille livres, — en mettant les choses au mieux.

— Alors, si l'on vous offrait vingt mille livres, payées comptant, de l'*Hôtel du Diable* tel qu'il est, accepteriez-vous ?

— A l'instant.

— Vous avez les pouvoirs nécessaires pour terminer ?

— J'ai les pouvoirs les plus complets.

— Dans ce cas, monsieur le tabellion, prenez une feuille de parchemin et une plume.

— Pourquoi faire?

— Pour rédiger un acte.

— Un acte !

— Mon Dieu ! oui, — un acte de vente.

Narcisse Pigeon regarda maître Love avec des yeux stupéfaits.

— Je ne comprends pas un seul mot à ce que vous me faites l'honneur de me dire... — balbutia-t-il ensuite.

— C'est pourtant bien simple. — MM. de Navailles, dont vous êtes le fondé de pouvoirs, vendent à ma noble maîtresse, lady Guilfort, ici présente, l'hôtel situé rue de la Cerisaie et vulgairement désigné sous le nom d'*Hôtel du Diable*. — Ladite vente est consentie et acceptée moyennant une somme de vingt mille livres, que nous allons vous payer comptant en bonnes espèces ayant cours, aussitôt après la signature de l'acte.

Narcisse Pigeon n'en pouvait croire ses oreilles.

— Comment ! — s'écria-t-il avec une manifeste stupeur, — milady achète l'*Hôtel du Diable* ?

— Si vous voulez bien le permettre, mon cher tabellion, — répliqua la jeune femme en riant.

— Mais, au nom du ciel, milady, — poursuivit maître Pigeon, — quand vous l'aurez, qu'en ferez-vous ?

— Ceci ne vous regarde pas.

— C'est juste, milady, et c'est parfaitement juste !... Mais c'est que, voyez-vous, je ne puis me mettre dans l'esprit que vous ne vous divertissez point à mes dépens, et qu'il s'agit d'une affaire réelle et sérieuse...

Milady se tourna vers son intendant.

— Love, — lui dit-elle, — remettez, je vous prie, à M. le tabellion, une somme de cinquante louis, à titre d'honoraires, pour l'acte qu'il va dresser sans retard.

Maître Love compta les cinquante louis sur la basane noire et déchiquetée qui recouvrait le bureau du procureur.

Narcisse Pigeon dut se rendre à l'évidence et admettre la réalité d'une chose qui continuait cependant à lui sembler fantastique au premier chef.

Il quitta le siège sur lequel il s'était laissé tomber pendant les dernières répliques du dialogue qui précède, et ouvrant la porte de l'étude il cria :

— Maître clerc, apportez-moi à l'instant même toutes les pièces relatives à l'*Hôtel du Diable*, — elles se trouvent dans les dossiers de la succession Carnac.

Quoique la porte du cabinet eût été refermée presqu'aussitôt qu'ouverte, on entendit un bourdonnement confus succéder dans l'étude à ces paroles.

Sans doute la stupéfaction de messieurs les clercs ne le cédait en rien à celle que nous avons vu leur patron manifester un instant auparavant.

X

MARCHÉ CONCLU.

Peu à peu, cependant, ce bourdonnement confus dont nous venons de parler se calma et finit par s'éteindre tout à fait.

Puis le maître clerc entra dans le cabinet de son patron, apportant les parchemins demandés, liasse épaisse et dont s'échappait (au dire des superstitieux basochiens) une vapeur sulfureuse et diabolique.

Le tabellion prit ces parchemins, les feuilleta rapidement, afin de s'assurer qu'ils étaient en bon ordre, et dit à son subordonné :

— Préparez un acte de vente.

Le maître clerc regarda son patron d'un air ébahi.

— Un acte de vente de l'*Hôtel du Diable*? — demanda-t-il avec stupeur au bout d'un instant.

— Oui, — répliqua Narcisse Pigeon avec un geste qui signifiait :

Je n'y comprends rien, pas plus que vous, mais c'est comme ça...

Puis il reprit, mais à haute et intelligible voix :

— Vous savez les noms des vendeurs, — quant aux noms, titres et qualités de l'acquéreur, on va vous les donner.

Et se tournant vers maître Love, Narcisse Pigeon ajouta :

— Veuillez, monsieur, je vous prie, nous communiquer les renseignements indispensables pour la rédaction de l'acte de vente...

— Écrivez, — répondit l'intendant, — que vous vendez à très-haute et très-puissante dame Sarah Guilfort, comtesse de Norfolk, baronne de Sussex, vicomtesse de Folkestone et d'Eddystone...

A l'énumération de chacun de ces titres pompeux, Narcisse Pigeon saluait profondément.

Quant au maître clerc, pensant qu'il était de son devoir d'imiter son patron, il s'inclinait de compagnie.

— Milady est-elle en puissance de mari, et, dans ce dernier cas, a-t-elle pouvoir pour contracter ? — demanda respectueusement le tabellion.

— Milady est veuve, — répondit maître Love.

— A merveille ! — s'écria Narcisse Pigeon. — Nous possédons maintenant tous les éléments nécessaires; il ne reste qu'à rédiger l'acte et à le signer...

— Pardon ! — interrompit le maître clerc, — j'ai besoin de savoir deux choses encore...

— Lesquelles ?

— La somme moyennant laquelle la vente est consentie, — et le mode de paiement...

— Vingt mille livres, argent comptant, — répliqua le tabellion, — maintenant c'est tout, — allez, et faites vite...

Le maître clerc quitta le cabinet en emportant les pièces.

— Monsieur le tabellion, — demanda milady en ce moment, — cet acte sera-t-il long à rédiger, je vous prie ?...

— Non, milady...

— Combien de temps vous faut-il ?

— Une heure et demie ou deux heures, tout au plus...

— L'éternité ! — s'écria la jeune femme.

— Songez, milady, qu'il faut que cet acte soit fait triple... — D'ailleurs, rien n'oblige milady à attendre ici...

— J'aurai l'honneur, aussitôt l'expédition terminée, d'aller porter les titres authentiques à milady, en réclamant sa signature...

— A la bonne heure. — En même temps je vous remettrai les vingt mille livres...

— Milady demeure ?...

— Rue Saint-Antoine, à l'hôtellerie du *Cygne-de-la-Croix*.

— Simon Lantara, qui a l'honneur d'être l'hôte de milady, compte au nombre de mes clients... — A quelle heure pourrais-je trouver milady chez elle ?

— Quelle heure est-il en ce moment ?

— Trois heures, environ...

— Eh bien ! à six heures, je vous attendrai...

— Je serai exact.

— J'y compte. — Ah ! en attendant, je serais bien aise de visiter un peu ma propriété future...

— Milady veut aller à l'*Hôtel du Diable* ?

— Oui. — Pouvez-vous m'en procurer les moyens ?

— Parfaitement, les clés sont ici, — je vais les remettre à l'intendant de milady. — Seulement, comme les serrures n'ont point fonctionné depuis cinquante ans, je ne réponds point que les clés fassent bien convenablement leur office...

— Il doit y avoir un serrurier ou un maréchal-ferrant dans le quartier ?

— Il y en a un à deux cents pas de l'*Hôtel du Diable*...

— En cas de besoin je le ferai appeler.

Narcisse Pigeon prit dans son coffret un trousseau de grosses clés rouillées et les tendit à maître Love en lui disant :

— Celle-ci ouvre, — ou du moins doit ouvrir, — la principale porte de l'hôtel...

Milady s'était levée et se dirigeait vers la porte.

Narcisse Pigeon, avec une grotesque galanterie, se précipita, à moitié courbé en deux, et la supplia de s'appuyer sur lui pour traverser l'étude, descendre l'escalier et gagner son carrosse.

La jeune femme accepta en riant et posa le bout de ses doigts mignons sur le poignet osseux du tabellion, auquel, tout en remontant en voiture, elle recommanda de nouveau l'exactitude.

Maître Love prit place, comme en venant, en face de sa maîtresse. — Les chevaux partirent au grand trot et le carrosse disparut à l'angle de la rue de l'Hirondelle, tandis que tous les clercs le suivaient du regard, huchés les uns sur les autres aux fenêtres de l'étude, et que, sur le seuil de la maison, Narcisse Pigeon saluait toujours.

— Rue de la Cerisaie, — hôtel du Diable, — avait dit maître Love au cocher.

La voiture ne tarda pas à s'arrêter devant la porte massive et monumentale de l'édifice abandonné.

Rien ne saurait donner une idée de l'aspect lugubre de ces lourds pilastres disjoints.

La grille de fer, surmontée de l'écusson des Carnac timbré de la couronne de marquis, était doublée d'une porte de chêne massif toute constellée d'énormes têtes de clous qui formaient par leur assemblage des dessins bizarres et des figures irrégulières.

La pluie, le soleil et les vents avaient été impuissants contre cette puissante armature de bois et de fer qui, depuis tant d'années, défiait leurs efforts.

A peine si quelques fissures se remarquaient dans l'épaisseur des panneaux noircis; — aucune de ces fentes ne permettait au regard de pénétrer dans l'intérieur de la cour.

En revanche, les murailles de clôture qui s'appuyaient aux pilastres avaient notablement subi les outrages du temps.

Çà et là, de larges crevasses se manifestaient, — sinistres avant-coureurs d'une ruine complète. — Des éboulements partiels avaient, en plus d'un endroit, crénelé pour ainsi dire le couronnement des vieux murs, et des plantes vivaces poussaient çà et là, s'échevelaient en liberté, après avoir installé leurs racines dans l'alvéole d'une pierre tombée.

Maître Love et milady descendirent de carrosse.

Une moue significative se dessina sur les lèvres de la jeune femme.

L'intendant répondit à cette moue par un sourire, puis, après avoir déclamé à demi-voix ce vers philosophique :

« Il ne faut point juger les gens sur l'apparence !

il tira de sa poche le trousseau des clés remis par Narcisse Pigeon et, choisissant la plus grosse de ces clés, il l'introduisit dans la serrure et s'efforça de faire jouer le pêne dans la gâche.

Disons tout de suite que sa tentative ne fut couronnée d'aucun résultat satisfaisant.

Ainsi que l'avait prévu le tabellion, une rouille à demi-séculaire avait soudé les ressorts des serrures, — et ces ressorts opposèrent aux efforts de maître Love la force d'inertie d'une résistance obstinée.

Milady piétinait d'impatience sur le pavé de la rue, et cette impatience s'augmentait de seconde en seconde, d'autant plus que les voisins, attirés par le bruit du carrosse et frappés de stupeur à la vue de ces gens qui tentaient de s'introduire dans l'*Hôtel du Diable*, commençaient à se mettre aux fenêtres et à se montrer sur les portes.

— Vous êtes archi-maladroit, mon cher ! — s'écria la jeune femme ; — finissez-en, sinon je vous déclare que je remonte en voiture et que je m'en vais...

— Eh ! milady, — répliqua l'intendant, avec une vivacité qui n'était peut-être pas suffisamment respectueuse, — le diable lui-même y perdrait son latin, s'il lui fallait employer cette clé pour rentrer dans son logis...

— Alors, bonsoir, — restez-là jusqu'à demain si bon vous semble... — moi je me lasse de servir de point de mire à la curiosité de tous ces bourgeois imbéciles... — je rentre à l'hôtel...

— Une minute encore, je vous en supplie, milady...

— Pas seulement une seconde, — je pars.

— On va quérir un serrurier et la porte cédera...

— En êtes-vous bien sûr ?

— Ceci ne fait pas l'ombre d'un doute.

— Alors je veux bien faire acte de patience et me résigner... — mais que ce serrurier se dépêche...

Sur un signe de maître Love, un des valets de pied s'était éloigné en courant.

Il ne tarda point à revenir, accompagné d'un compagnon serrurier muni de tous les instruments nécessaires pour procéder à l'effraction de la serrure rebelle.

Il se mit à l'œuvre aussitôt, — la rouille fut vaincue et la porte tourna sur ses gonds avec un bruit bizarre qui ressemblait à un gémissement et qui fit tressaillir les bourgeois échelonnés à quelque distance et tout haletants de curiosité.

— C'est bien, mon ami, — dit maître Love à l'ouvrier, — mais ce n'est pas tout...

— Qu'y a-t-il encore ?

— Vous allez venir avec nous, pour ouvrir, s'il en est besoin, les portes intérieures...

L'ouvrier fit un pas en arrière.

— Oh ! que nenni ! — dit-il ensuite.

— Vous refusez de me suivre ? — demanda l'intendant.

— Ah ! dame! oui...

— Et pourquoi donc ?

— Parce que ça ne se peut pas...

— Vous serez bien payé, mon garçon...

— Ça n'y fait rien... — ni pour or ni pour argent, je n'entrerais dans l'*Hôtel du Diable* ! — j'aurais trop peur de n'en plus ressortir, et que le grand diable d'enfer, qui y tient son sabbat toutes les nuits, ne m'y vienne tordre le cou !...

Maître Love haussa les épaules, mais comme il comprit à merveille qu'il avait affaire à une terreur superstitieuse dont il ne triompherait pas, il n'insista en aucune façon.

— Laissez-moi vos outils, — dit-il seulement.

— Mes outils ?... — répéta l'ouvrier.

— Oui.

— Est-ce que vous saurez vous en servir ?

— Mieux que vous, peut-être.

— Les voilà... — fallait donc dire tout de suite que vous aviez été de la partie... je vous aurais laissé faire la besogne tout entière, depuis le commencement...

La valise de cuir contenant les instruments du serrurier fut remise aux mains de l'un des laquais, et maître Love entra dans la cour d'honneur à la suite de milady.

Cette cour offrait l'aspect d'un véritable chaos.

Partout l'herbe poussait, drue et luxuriante, cachant les pavés sous une véritable nappe de verdure.

Des arbustes vigoureux, nés d'une graine apportée on ne sait d'où par un coup de vent, grandissaient entre les degrés de pierre, renversés à demi.

Les volets, — pareils aux ailes de quelque gigantesque chauve-souris clouée sur une porte de ferme, — pendaient vermoulus et disloqués le long de la façade de l'hôtel.

— Vingt mille livres pour cette maison ! — murmura milady, — maître Love, je commence à croire que vous devenez fou !

L'intendant ne répondit pas. — Il s'occupait très-activement à ouvrir, à grand renfort de ciseaux et de tenailles, la porte du vestibule.

Nous ne suivrons point nos personnages dans leur visite d'exploration à travers les appartements déserts et délabrés, et dans l'inextricable fouillis de ce qui avait été jadis le jardin de l'hôtel.

Disons seulement que, lorsque cette exploration fut terminée, milady se sentait plus que jamais convaincue que maître Love avait perdu la tête.

Il dut entendre à ce sujet toutes les remontrances imaginables pendant le temps que mit le carrosse à se rendre de la rue de la Cerisaie à l'hôtellerie du *Cygne-de-la-Croix*, — et ces remontrances, — disons-le, il les subit de fort bonne grâce.

— Ma chère enfant, — répondit-il seulement avec un son sourire un peu railleur, — je sais ce que je fais, je vous l'affirme, et vous ne tarderez pas à en convenir vous-même...

— J'en doute... — répliqua milady.

— Vous verrez...

On était arrivé ; — la conversation se termina là.

§

A six heures très-précises, Simon Lantara introduisit cérémonieusement dans l'appartement de lady Guilfort, maître Narcisse Pigeon qui le comptait, nous le savons, au nombre de ses clients.

Le tabellion apportait l'acte de vente, libellé en bonne et due forme, sur de belles feuilles de parchemin vierge.

Il ne restait qu'à le lire, à le signer, et à payer le prix convenu.

La lecture fut faite.

La signature fut donnée.

Narcisse Pigeon palpa vingt mille livres en espèces d'or et d'argent, bien sonnantes et bien trébuchantes.

L'honorable tabellion salua une demi-douzaine de fois, jusqu'à terre, et s'en alla à reculons.

L'*Hôtel du Diable* était désormais, par acte authentique, la propriété de lady Sarah Guilfort.

§

Dès le lendemain quarante ou cinquante ouvriers, recrutés dans les quartiers les plus éloignés et payés avec une extrême libéralité, s'installaient dans le ci-devant hôtel de Carnac sous la direction de maître Love, et commençaient d'importants travaux.

Au bout de six semaines, la physionomie extérieure et intérieure de l'hôtel était entièrement modifiée.

En moins de deux mois tout fut fini, et la maison maudite offrit aux regards stupéfaits des gens du quartier l'aspect riant d'une ravissante habitation, absolument neuve.

Bientôt on vit apporter des tentures d'une incroyable magnificence, — des meubles splendides, — des tableaux, — des statues, — des services de table, — enfin tout ce qui constitue un luxe grandiose et presque princier.

Des chevaux de la plus grande beauté peuplèrent les écuries.

Des carrosses dorés, aux panneaux chargés d'armoiries étincelantes, prirent place sous les remises.

Une armée de valets en livrées brillantes prit possession de l'hôtel, mettant partout la vie et le mouvement.

Puis enfin, quand tout fut prêt pour la recevoir, la mai-

tresse de la maison arriva, et elle daigna, de ses lèvres roses, manifester une complète approbation.
— Vous voyez, — murmura maître Love à son oreille, — vous voyez, milady, que je savais ce que je faisais.

Quelques jours à peine s'étaient écoulés, qu'on ne parlait dans tout Paris que de cette jeune et belle étrangère qui venait de *faire la nique* à messire Satan, en installant dans l'*Hôtel du Diable* son alcôve parfumée et son frais boudoir.

FIN DE LA PREMIÈRE PARTIE.

SECONDE PARTIE.

LE FILS DE MONSIEUR LECOQ.

I

LA PETITE MAISON DE LA RUE SAINT-LOUIS-EN-L'ILE.

A l'époque où se passaient les faits dont nous sommes le fidèle et véridique historien, une petite maison de modeste apparence existait vers le milieu de la rue Saint-Louis-en-l'Ile.

Cet humble logis, élevé seulement d'un rez-de-chaussée et d'un premier étage, avait pour toute dépendance un jardinet planté de légumes et de fleurs et terminé par une tonnelle de verdure.

Trois personnes habitaient cette maisonnette. — André Lecoq, homme de cinquante à soixante ans, de rustique et simple apparence, — Eusèbe Lecoq, son fils unique, fort beau garçon de dix-sept ou dix-huit ans, et une vieille servante du nom de Maguelonne, plus généralement connue sous le sobriquet de la *Picarde*.

On ne saurait imaginer quelque chose de plus patriarcal que la façon de vivre de ces trois personnes.

André Lecoq paraissait jouir d'une honnête aisance, car l'abondance, sinon le luxe, régnait dans son intérieur.

Son occupation la plus chère était de s'adonner entièrement à l'éducation de son fils Eusèbe, en qui il avait mis toutes ses affections et tout l'espoir de sa vieillesse.
— Cette éducation, excellente sous tous les rapports, péchait cependant par un peu d'exagération à certains points de vue.

Ainsi, Lecoq enveloppait son fils dans le réseau d'une surveillance plus étroite encore que celle qui s'étend d'habitude autour des jeunes filles, — il le séquestrait, en quelque sorte, loin du monde, — il ne lui permettait aucuns rapports, même passagers, avec d'autres jeunes gens de son âge, et ne lui laissait jamais faire un pas hors de la maison, à moins qu'il ne fût à ses côtés pour veiller sur lui et pour écarter par sa présence quelque danger inconnu.

Eusèbe Lecoq se soumettait à cette surveillance et à cette contrainte, mais s'il ne manifestait aucune opposition il n'en souffrait pas moins cependant, sans savoir au juste, peut-être, la cause de cette souffrance.

Quand arrive la dix-huitième année, — lorsque l'enfant devient jeune homme, — lorsque l'âme et le cœur s'éveillent à la fois, — de nouveaux instincts se développent, — de nouvelles aspirations se manifestent.

L'imagination a sa puberté comme le corps, — à dix-huit ans, de vagues rêveries d'indépendance et d'amour s'emparent d'elle et la tourmentent.

L'âme et le corps ont soif de liberté, de mouvement, — le cœur a soif de tendresse.

Le *Chérubin* de Figaro, — ce chérubin poétique et charmant, — est la vivante incarnation de l'adolescence à dix-huit ans !

Or, de courtes promenades sous la tutelle si passionnée mais si ombrageuse de son père, ne pouvaient satisfaire aux désirs de liberté et de vagabondage du jeune homme.

La sollicitude quasi maternelle de la vieille Maguelonne ne pouvait suffire à ce besoin de tendresse qui débordait en lui.

Il se soumettait, avec résignation et sans résistance, nous le répétons, parce qu'il était avant tout bon fils, et que d'ailleurs il ne croyait point possible d'entamer une lutte quelconque contre l'autorité paternelle, — mais, en même temps, il devenait triste et soucieux, — son appétit et son sommeil disparaissaient en même temps, — enfin un grand et funeste changement se faisait en lui, et ce changement était tel qu'il pouvait faire craindre que les sources de la vie ne fussent attaquées.

N'allez pas croire, au moins, que ce changement restât inaperçu pour André Lecoq.

Avec cette perspicacité qui tient du prodige, et que Dieu donne aux regards des pères bien aimants, il s'était aperçu du malaise intellectuel et moral de son fils, avant même que les symptômes en devinssent extérieurs, et il s'en désespérait.

Mais, quoiqu'il n'en eût point deviné la cause, — soit que quelque raison toute-puissante ne lui permît pas de mettre en œuvre un remède immédiat, — il ne faisait rien pour combattre le mal dont les progrès augmentaient cependant de jour en jour, et pour ainsi dire d'heure en heure.

Parfois Eusèbe surprenait le regard de son père attaché sur lui avec une expression d'indéfinissable tendresse, et en même temps de douloureuse anxiété.
— Qu'avez-vous donc, mon père ? — lui demandait-il alors, — on croirait que vous êtes triste ?
— Moi, mon enfant... — répondait André en s'efforçant de sourire, — je n'ai rien... que veux-tu que j'aie ?
— Je ne sais... quelque chagrin.... quelqu'inquiétude...
— Ni l'un ni l'autre... — les chagrins ne pourraient me venir que par toi, et tu me rends heureux... — je ne pourrais m'inquiéter qu'à ton sujet, et je suis tranquille... tranquille pour le présent... tranquille pour l'avenir...

Quant à la vieille Maguelonne, elle aurait donné de grand cœur la moitié de sa vie pour éviter un chagrin quelconque ou même un ennui à Eusèbe, qu'elle avait élevé et qu'elle appelait aussi son enfant.

Mais elle n'admettait point qu'entre l'affection de son père et la sienne Eusèbe pût souffrir ou s'ennuyer. Elle le croyait parfaitement heureux, et ne s'apercevait pas de ce changement fatal dont nous parlions il n'y a qu'un instant.

D'après ce que nous venons de dire de la façon de vivre des trois habitants de la petite maison de la rue Saint-Louis-en-l'Ile, il semblerait que rien de mystérieux ne pût se passer dans cette demeure vertueuse, où personne, selon toute apparence, ne devait avoir quelque chose à cacher...

Il n'en était point ainsi, cependant.

D'abord il arrivait de temps à autre que Lecoq, après avoir recommandé à Maguelonne de ne pas quitter Eusèbe, sortît à l'improviste et restât dehors pendant un temps plus ou moins long.

Quelquefois ces sorties avaient lieu le soir, aussitôt après le moment où Eusèbe venait de se mettre au lit et de s'endormir.

Parfois même les absences d'André Lecoq duraient un ou deux jours, — mais alors il ne manquait point de prendre le prétexte d'un voyage indispensable à faire dans les environs de Paris.

La chambre d'Eusèbe était au premier étage et donnait sur le petit jardin dont nous avons parlé.

Des barreaux de fer, assez semblables à ceux d'une prison, mais déguisés par des plantes grimpantes qui s'enroulaient autour d'eux et les métamorphosaient en un treillis verdoyant, rendaient cette fenêtre inaccessible.

En outre, chaque soir, à l'insu de son fils, André Lecoq, poussait un petit verrou fort habilement dissimulé dans le bois de chêne de la porte.

Le jeune homme se trouvait donc bien et dûment enfermé sans le savoir, et il lui aurait été parfaitement impossible de sortir de sa chambre si la fantaisie lui en avait pris.

Le rez-de-chaussée de la maisonnette se composait de quatre pièces, — la chambre à coucher d'André Lecoq, — une seconde chambre contiguë à celle-là, toujours soigneusement fermée à clé et dans laquelle Eusèbe n'avait jamais mis les pieds.

Il y avait en outre une cuisine et une salle à manger, servant en même temps de salon.

Disons en passant qu'à mainte reprise la curiosité d'Eusèbe s'était éveillée à l'endroit de la pièce si soigneusement et si mystérieusement fermée.

Il avait questionné son père à ce sujet.

Mais André Lecoq ne faisait jamais à ses questions que des réponses évasives. — Il fronçait le sourcil si son fils insistait un peu plus que de raison, et détournait la conversation.

Tout le monde connaît cette admirable légende des sept femmes de *Barbe-Bleue*, légende qui certes mériterait d'être encadrée dans une autre forme que celle d'un conte de fées, — si charmant que soit ce conte.

Eh bien ! Eusèbe Lecoq se sentait presqu'aussi désireux de pénétrer le mystère de la chambre fermée, que pouvait l'être la septième femme de connaître les secrets du cabinet défendu.

Ce désir fut à la fin exaucé, — mais pourtant la curiosité du jeune homme ne se trouva qu'à demi satisfaite.

Nous allons savoir pourquoi et comment.

Un jour, — pendant l'une de ces fréquentes absences de Lecoq, que nous avons signalées, — Eusèbe entra par hasard dans la chambre de son père.

Son premier regard alla droit à la serrure de la porte qui donnait accès dans la chambre toujours close.

Eusèbe tressaillit, et, dans le premier moment, se crut le jouet d'un rêve.

Mais un second regard lui démontra jusqu'à l'évidence qu'il ne se trompait pas.

Par une distraction singulière, par un étrange oubli en dehors de toutes ses habitudes, André Lecoq avait laissé la clef dans la serrure...

Rien n'empêchait Eusèbe d'ouvrir, — d'entrer, — de voir, enfin !...

Disons-le à la louange du jeune homme, — il y eut un instant de combat dans son esprit.

Il ne se décida point tout d'abord à braver la défense paternelle.

Le sentiment de l'obéissance fut, pendant quelques secondes, plus fort que l'ardent désir de connaître le mot de l'énigme...

Mais bientôt ce désir aiguillonné reprit une nouvelle force et s'entoura de tout un cortége de sophismes.

Comme il arrive trop souvent dans les luttes humaines, le mauvais sentiment l'emporta sur le bon, — la curiosité vainquit l'obéissance...

Eusèbe fit quelques pas pour se rapprocher de la porte si longtemps interdite.

Il marchait lentement et comme quelqu'un qui se sent coupable... — mais pourtant il avançait.

Il atteignit la porte.

Il mit la main sur la clef brillante.

Au contact froid de l'acier il tressaillit et sa main se récula vivement.

Une nouvelle lutte s'engagea, — lutte plus courte que la première et dont le résultat fut le même.

Les doigts, frémissants d'impatience, qui venaient de battre en retraite, reconquirent le terrain abandonné et se replacèrent sur la clef.

Cette clef tourna.

La serrure sollicitée obéit avec une docilité exemplaire et sans produire le plus léger bruit.

La porte s'ouvrit.

Il était trop tard pour s'arrêter, — trop tard pour reculer...

Puisque le mal était fait, puisque la faute était commise, il en fallait au moins tirer bon parti...

Eusèbe entra.

Oh ! comme le cœur du jeune homme battait dans sa poitrine, au moment où il franchissait ce seuil interdit.

Jamais, non jamais, un amoureux ouvrant la porte de sa maîtresse qui l'attend à un premier rendez-vous, n'éprouva de plus vive émotion...

Les jambes d'Eusèbe fléchissaient sous lui, — des bruissements vagues remplissaient ses oreilles, — des rayons tournoyants, pareils aux étincelles d'un feu d'artifice, passaient devant ses yeux troublés...

Il regardait, et ne voyait que des objets confus qui semblaient danser autour de lui dans une indescriptible confusion.

Enfin, cette fiévreuse émotion se calma, — bruissements et tournoiements disparurent, — les artères du jeune homme battirent moins vite, ses prunelles purent se fixer et percevoir les formes et les couleurs.

Alors Eusèbe éprouva la plus complète stupeur, — la plus bizarre déception.

Il s'attendait à voir quelque chose d'étrange, — d'inouï, — de phénoménal.

Il s'était préparé à quelque spectacle inattendu, — terrifiant.

Au lieu de cela, rien au monde n'était plus vulgaire que ce qui s'offrait à ses regards.

Figurez-vous une vaste pièce, bien éclairée, ayant de tout point l'apparence d'un magasin de fripier ou de brocanteur.

Les murailles disparaissaient complètement sous une immense quantité d'habits, de toutes les formes, de toutes les couleurs, accrochés en bon ordre et les uns à côté des autres à des porte-manteaux.

Certes, le vestiaire d'un théâtre aurait été moins riche !

Toutes les classes de la société, — depuis les plus hautes jusqu'aux plus infimes, — se trouvaient représentées là par une défroque plus ou moins neuve.

Costumes de courtisans, — de gentilshommes, — de prêtres, — de moines, — de bourgeois, — de marchands, — d'officiers, — de simples soldats, — de commissionnaires, — de forts de la halle, — de charbonniers, — de chiffonniers, — d'ouvriers, et cent autres encore, étaient là au grand complet.

Au milieu de la pièce, une longue table de vieux chêne supportait des chapeaux de toutes les formes, — des perruques de toutes les couleurs, — des bâtons, — des cannes, — des épées, — des pistolets, — des poignards.

Il y avait là de quoi compléter et rendre homogènes, depuis la coiffure jusqu'à la chaussure, les myriades de travestissements suspendus le long des murailles.

Eusèbe, absolument abasourdi, ne pouvait en croire ses yeux.

Il mettait son imagination à la torture pour trouver une raison plausible qui pût expliquer ce rassemblement incompréhensible de hardes et de friperies ; — il ne trouvait au problème aucune solution satisfaisante.

Enfin il finit par se persuader que l'aisance dont son père semblait jouir n'était que simulée, — qu'il faisait secrètement le commerce des vieux habits pour se procurer des ressources, et que, rougissant de cette industrie d'un ordre peu élevé, il l'entourait d'un profond mystère qu'il s'efforçait de rendre impénétrable.

Si peu admissible que fût une explication de ce genre, Eusèbe dut cependant s'en contenter, faute de quelqu'autre meilleure.

Il sortit de la chambre aux costumes et referma la porte derrière lui.

Lorsqu'André Lecoq revint le lendemain, il ne soupçonna ni la désobéissance ni l'indiscrétion de son fils, ou du moins, s'il eut quelque soupçon, il n'en laissa rien paraître, — seulement la clé disparut et, à l'avenir, ne fut plus oubliée dans la serrure.

Nous avons dit qu'André Lecoq couchait au rez-de-chaussée, — nous ajouterons que ses fenêtres donnaient sur la rue.

Bien souvent, après minuit, alors que les paisibles habitants du quartier dormaient d'un paisible sommeil que rien ne venait interrompre, les faibles rayonnements d'une petite lampe filtraient à travers les fissures des volets fermés, et témoignaient de la longue insomnie ou du travail nocturne d'André Lecoq.

Quelquefois alors, des formes humaines, enveloppées dans de grands manteaux de couleur sombre, se glissaient dans la rue en étouffant le bruit de leurs pas sur les pavés, — côtoyaient les murailles et arrivaient à la maisonnette.

Elles s'approchaient de la fenêtre faiblement éclairée, et l'on entendait le bruit léger de trois petits coups frappés contre le volet à intervalles irréguliers.

Sans doute ces trois coups étaient un signal, car la porte s'ouvrait aussitôt et les visiteurs attendus disparaissaient dans l'intérieur de la maison, d'où ils ne ressortaient parfois qu'après un laps de temps assez long.

C'était surtout lorsque les rôdeurs nocturnes étaient venus frapper à son volet, qu'avaient lieu les plus longues absences du bonhomme André.

Tout ceci était au moins étrange, on en conviendra, et les voisins n'auraient point manqué de s'en préoccuper outre mesure s'ils avaient connu la moindre des particularités que nous venons de rapporter.

Mais, fort heureusement pour les habitants de la maisonnette, les voisins ne se doutaient de quoi que ce soit, et personne ne soupçonnait tout ce que des existences si calmes en apparence recélaient de drames inconnus et de mystères inexplorés.

II

LE PÈRE ET LE FILS.

Par une radieuse matinée du mois d'octobre 167*, — c'est-à-dire deux ou trois mois après l'installation de lady Guilfort parmi les merveilles de l'*Hôtel du Diable* splendidement régénéré, — voici ce qui se passait dans la petite maison de la rue Saint-Louis-en-l'Ile.

Maguelonne la Picarde, les manches retroussées jusqu'au coude, apprêtait dans sa cuisine le repas de midi pour ses deux maîtres, et fredonnait du bout de ses lèvres le refrain naïf de quelque ronde de son pays.

Eusèbe, mélancoliquement assis auprès de la fenêtre de sa chambre qui donnait, comme nous le savons, sur le petit jardin, laissait errer ses regards distraits sur les fleurs d'automne dont le doux et faible parfum remontait jusqu'à lui.

La tête du jeune homme se penchait sur sa poitrine, comme si c'eût été pour lui une fatigue de la soutenir, — ses mains molles et inertes pendaient à ses côtés, — toute son attitude exprimait une secrète et profonde amertume, — une résignation découragée.

A quoi donc pensait si tristement Eusèbe, tandis que les dernières mouches de la saison bourdonnaient si joyeusement autour de lui dans un tiède rayon du soleil?...

A quoi pensait-il, tandis que les hirondelles attardées passaient et repassaient avec un petit cri, emportées par leur vol rapide vers d'autres climats, vers de lointaines contrées ?

Eh! mon Dieu, il pensait à sa vie sans espace et sans horizon, — à son existence cloîtrée comme celle d'un jeune moine, — privée de toutes les joies, de tous les plaisirs de son âge...

Il pensait à ces jeunes seigneurs et à ces étudiants qu'il rencontrait parfois dans les rues, lorsque son père le conduisait à quelque courte promenade, et qui, libres et fiers de leur liberté, marchaient la tête haute, l'air cavalier, le poing sur la hanche...

Eusèbe enviait jusqu'au sort des apprentis marchands, des jeunes courtauds de boutique qui du moins, après une journée de labeur, jouissaient d'une soirée de liberté, et auxquels personne ne demandait compte de leurs pas et de leurs démarches pendant les quelques heures dont la propriété était à eux...

Il pensait aussi, — et surtout, — à ces jolies filles, les unes modestes et timides, les autres coquettes et provocantes, toutes si fraîches, si verdissantes, si charmantes, qu'il entrevoyait le dimanche, à la messe de midi qu'il ne manquait jamais d'aller entendre avec son père dans son église paroissiale...

Et ces images blanches et rosées, — à peine entrevues et pourtant gravées profondément dans son imagination, sinon dans son cœur, — venaient le chercher au fond de sa solitude.

Il lui semblait que chacune de ces visions séduisantes lui disait d'une voix douce et pleine de séductions ineffables :

— Viens à nous... viens à nous...

Et, comme Eusèbe se sentait captif, comme cette surveillance incessante dont il était l'objet ne lui laissait ni la possibilité ni l'espoir d'obéir à ces voix enchanteresses, il était triste et rêveur, et s'abandonnait sans résistance à la terrible et mortelle mélancolie qui le dévorait...

A cette même heure, André Lecoq se promenait de long en large et d'un pas rapide et saccadé dans sa chambre dont il avait poussé les verrous intérieurs.

Nous avons négligé jusqu'ici de dire un mot de cette chambre, absorbé que nous étions par la pièce contiguë, la fameuse pièce aux costumes.

Il est essentiel de donner en peu de lignes quelques détails qui ont leur valeur, parce qu'ils contribuent, selon nous, à faire comprendre André Lecoq.

Un religieux, appartenant à quelqu'ordre austère, n'eût point désavoué la simplicité quasi monacale de l'ameublement qu'il nous faut décrire.

Les murailles, qui n'étaient ni boisées, ni tendues d'une étoffe quelconque, mais seulement blanchies à la chaux, avaient pour tout ornement un grand Christ d'ivoire attaché sur une croix d'ébène, et un très-ancien tableau, dans un cadre de bois noir.

Ce tableau, peint sur panneau de cèdre, sinon par le Giotto lui-même du moins par un de ses élèves, offrait cette naïveté d'attitudes et d'expressions qui est le caractère dominant de la peinture primitive.

Il représentait *la Flagellation* de Notre-Seigneur Jésus-Christ.

Le lit, de bois de chêne sculpté, noirci par l'âge, supportait deux matelas d'une rigidité cénobitique ; — de grands rideaux de serge brune l'enveloppaient tout entier.

Deux escabelles de bois, — une armoire et une table immense qui servait de bureau, complétaient le mobilier.

Cette table était chargée de papiers couverts pour la plupart, non d'écriture, mais de caractères assez bizarres, assez semblables à ceux dont on se sert aujourd'hui pour la sténographie.

Il y avait en outre une écritoire de corne, des plumes,

de la cire rouge, un large cachet d'argent portant les initiales d'André Lecoq, et cette petite lampe de cuivre qui ne s'éteignait point pendant ces longues veillées dont nous avons parlé.

Telle était la chambre dans laquelle le personnage qui nous occupe se promenait à grands pas, au moment où nous le rejoignons.

Le visage d'André Lecoq offrait une excessive pâleur, — son front contracté se plissait d'une manière effrayante, — ses yeux fixes et secs exprimaient une douleur surhumaine.

A chaque instant sa marche devenait plus impétueuse, — on eût dit qu'il voulait briser son corps à force de fatigue, pour assoupir quelque cuisante blessure de son âme.

Enfin il s'arrêta.

Il s'assit, ou plutôt il se laissa tomber sur l'escabelle placée devant le bureau, et, cachant sa tête dans ses mains avec un geste désespéré, il resta pendant quelques minutes dans une complète immobilité, interrompue seulement par des tressaillements nerveux.

Quand il disjoignit les mains, quand il releva la tête, deux grosses larmes coulaient lentement de ses yeux rougis et roulaient sur ses joues ridées.

Avec une lenteur automatique, il ouvrit un des tiroirs de son bureau et y prit une feuille de grand papier qu'il déposa devant lui.

Toujours à la façon d'un automate ou d'un somnambule, il rafraîchit avec la lame d'un canif le bec acéré d'une plume.

Il trempa cette plume dans l'encre, et, d'une écriture correcte, il écrivit lentement en tête de la feuille de papier ce mot unique :

« *Monseigneur...* »

Ce mot tracé, la main s'arrêta, et, pendant un espace de temps que nous ne saurions déterminer d'une manière absolue, la plume ne se rapprocha pas du papier.

André Lecoq s'absorbait dans une méditation si profonde qu'il n'entendit point le bruit léger de Maguelone la Picarde frappant à la porte.

La digne servante n'obtenant aucune réponse, n'insista point et se retira.

Cette absorption du vieillard eut un terme.

Une sorte d'éclair brilla dans ses yeux ranimés.

La plume fut trempée dans l'encre, — la main revint au papier, et au-dessous du mot: *Monseigneur*, traça les lignes suivantes, sans hésitation, sans temps d'arrêt et avec une fébrile vivacité :

« Ayez pitié du plus humble... ayez pitié du plus désespéré de vos serviteurs.

« S'il ne s'agissait que de moi, monseigneur, je me tairais, — j'accepterais jusqu'au bout cette vie d'amertume que j'ai méritée, — je courberais la tête et je porterais mon fardeau sans implorer de nouveau une grâce, dont, sans doute, je ne suis pas encore digne.

« Mais ici, monseigneur, il s'agit de mon fils, — de mon fils unique, — de mon pauvre enfant bien-aimé, de qui je viens vous demander la vie.

« Oui la vie... — mon fils souffre, — mon fils languit, — mon fils se meurt; — il lui faut le grand air, — le soleil, — non pas le pâle soleil de Paris, monseigneur, mais celui de la Provence ou de l'Italie. — Rendez donc au père la liberté, afin de rendre la vie au fils...

« Voici trente ans bientôt, — trente ans !... — que je traîne ma chaîne bien lourde !... — Depuis trente ans, n'ai-je donc pas expié un passé funeste ? — n'ai-je donc pas, à force de dévouement et de services rendus, mérité, sinon le pardon, du moins la pitié ?

« Et cependant ce n'est pas à votre justice que je m'adresse, monseigneur, c'est à votre bonté...

« Ce n'est point votre équité de magistrat que j'implore, — ce sont vos entrailles de père.

« Ma voix doit arriver à votre cœur, quand elle vous crie. — *Grâce pour mon fils !*...

« Le temps presse, monseigneur... — j'attends que la chaîne du captif soit brisée par vous... — que par vous la vie de l'enfant soit sauvée.

. . . .

« Daignez ajouter foi, monseigneur, au profond respect et à l'éternelle obéissance de celui qui se dit de vous, monseigneur, l'humble subordonné,

« André Lecoq. »

Après avoir achevé cette lettre, le vieillard la relut d'un bout à l'autre, — mais sans doute elle était l'exacte et complète expression de ses sentiments, car il n'y changea pas un seul mot.

Il plia la feuille de papier en quatre.

Il l'introduisit dans une large enveloppe carrée, qu'il scella d'un cachet de cire rouge.

Puis, sur cette enveloppe, il écrivit l'adresse suivante :

« *A Monseigneur*
« *Monseigneur* DE LA REYNIE,
« *Lieutenant général de la police du*
« *royaume, en son hôtel,*
« *à Paris.* »

Ceci terminé, André Lecoq prit son chapeau et se disposa à sortir.

Dans le couloir il rencontra la Picarde.

— Comment, monsieur, — s'écria la vieille servante, — vous sortez ?...

— Comme tu vois.

— Vous n'y pensez pas, j'imagine !...

— Pourquoi donc ?

— Il est tout près de midi, et voici que le dîner sera prêt dans un instant... — je suis allée frapper à votre porte, au quart d'onze heures, pour vous prévenir... — mais, bah ! vous aviez quelque chose en tête et vous ne m'avez pas répondu...

— Je n'avais point entendu, Maguelone.

— Je m'en doutais bien... — Et, maintenant que vous m'entendez, vous n'allez point sortir, n'est-ce pas ?...

— Il le faut, ma pauvre fille...

— Et le dîner ?...

— Je dînerai en rentrant.

— Serez-vous longtemps dehors ?

— Un quart d'heure tout au plus...

— Eh bien ! je vais remettre mes plats sur le feu, et vous ne vous apercevrez pas qu'ils ont attendu...

André Lecoq fit un geste d'approbation et sortit.

Il marcha tout droit devant lui, jusqu'à ce qu'il eût rencontré un *gagne-denier*. — On nommait ainsi les commissionnaires à cette époque.

Il lui remit une pièce d'argent et la lettre, en lui recommandant d'aller, sans perdre une minute, la porter à l'hôtel de monseigneur le lieutenant de police.

Le gagne-denier partit en courant.

André Lecoq reprit le chemin de la rue Saint-Louis-en-l'Ile, et il se trouva de retour à la maison dix minutes après le moment où il en était sorti.

Le père et le fils se mirent à table.

Tous deux s'efforçaient de sembler joyeux, — ni l'un ni l'autre n'y parvenaient.

III

UNE LETTRE.

Nous avons dit qu'Eusèbe Lecoq était un charmant jeune homme, mais nous n'avons point expliqué de quel genre était sa beauté.

Mieux sans doute eut valu mourir. (Page 28.)

Cette omission constitue dans notre récit une lacune qu'il faut remplir.

Vous avez vu dans les cathédrales gothiques, certaines sculptures figurant des anges prêts à quitter la terre pour retourner dans leur céleste patrie.

Les ailes de ces séraphins sont ployées encore, et cependant on devine qu'ils vont s'envoler.

Eusèbe avait quelque chose de la grâce frêle et délicate de ces marbres naïfs, — ses mains longues, fluettes, et plus blanches que des mains de femme, ressemblaient à celles que l'on trouve dans presque tous les tableaux de Cimabué.

Il avait rapidement grandi, — sa taille souple, mais trop mince, pouvait se comparer à ces jeunes bouleaux que la plus légère brise courbe sans peine, et que le moindre orage semble devoir briser.

Ses traits, d'une irréprochable régularité et d'une délicatesse merveilleuse, n'offraient, même de loin, aucune analogie avec ceux du visage de son père.

Sous le costume d'un autre sexe, Eusèbe aurait été facilement pris pour quelque charmante fille, tant sa peau était fine et veloutée, — tant ses joues imberbes avaient le velouté virginal d'une pêche mûre.

De grands cheveux d'un adorable blond-cendré couronnaient son front pur.

Ses yeux bleus, profonds et limpides, laissaient couler sous les longs cils bruns qui frangeaient leurs paupières, des regards d'une douceur exquise, presque toujours voilés de mélancolie.

Cette même nuance mélancolique se retrouvait dans le sourire de ses lèvres, ciselées comme celles du Bacchus Indien, et qui laissaient voir, en se soulevant, l'éblouissant émail de ses petites dents bien rangées.

Tel était Eusèbe. — Peut-être le portrait fidèle que nous venons de tracer, fera-t-il mieux comprendre l'infinie tendresse que son père ressentait pour lui.

Et maintenant que voilà cette rapide et indispensable esquisse achevée, reprenons notre récit.

Le repas touchait à sa fin.

Le père et le fils, — nous le répétons, — étaient tristes et préoccupés l'un et l'autre, — silencieux tous deux, — malgré leurs inutiles efforts pour affecter une disposition d'esprit libre et joyeuse.

André Lecoq, tout d'un coup, releva la tête et dit en souriant :

— Eusèbe...

— Mon père ? — répondit le jeune homme.

— Je veux t'adresser une question, mon enfant...

— Eh bien ! mon père, qui vous en empêche ?...

— Rien, sans doute, seulement je voudrais être certain d'une chose...

— De laquelle ?

— C'est que tu me répondras avec franchise.

— Vous savez bien, mon père, que je ne mens jamais.

— Je le sais, mais...

— Mais, quoi ?

— Tu pourrais, — dans la crainte de m'affliger, — déguiser bien innocemment la vérité.

— Vous affliger, mon père ? — répéta le jeune homme ; — comment le pourrais-je par ma franchise ?

— Tu vas le comprendre... en entendant la question que je veux t'adresser...

— Et, cette question ?

— La voici... — Il me semble que tu souffres, — il me semble que tu changes, — que quelque chose te manque, — en un mot, que tu t'ennuies... — Est-ce la vérité ?

En écoutant ces mots, Eusèbe devint pourpre, — le vif incarnat qui montait comme une vague rose son cœur à ses joues, envahit jusqu'à son front.

— Mais, mon père ! — balbutia-t-il, — ici, rien ne

me manque... et, d'ailleurs, comment m'ennuierais-je auprès de vous?
— Tu vois, mon enfant, — répliqua André, — tu vois combien j'avais raison de me défier de ta franchise...
— Pourquoi donc?
— Parce que, dans ce moment même, tu cherches à me déguiser ta pensée. — Mais heureusement cette vive rougeur, plus sincère que toi, me répond à ta place et me prouve que je ne me trompais pas...
— Mon père, je vous affirme... — voulut dire Eusèbe. André l'interrompit.
— Ne m'affirme rien, et écoute moi... — je lis dans on cœur, et, devant mon regard paternel, toute dissimulation est impossible... — L'air de Paris te semble lourd, — cette vie solitaire et isolée que nous menons te pèse et t'importune... — Est-ce vrai?
— Mais... mon père...
— Oh! pourquoi nier?... — Encore une fois, est-ce vrai?
Eusèbe fit sur lui-même un violent effort.
— Eh bien! oui, — répondit-il.
Puis il inclina vivement la tête, comme honteux de l'aveu qui venait de lui échapper.
André Lecoq poursuivit:
— L'existence des autres jeunes gens te fait envie... — tu te la représentes animée et joyeuse, autant que la tienne est monotone et triste. — Tu regrettes d'être sevré ainsi de toutes les joies de ton âge. — C'est encore vrai, cela, n'est-ce pas?
— Oui, mon père... — répondit Eusèbe avec un peu plus d'assurance que la première fois.
— Tu as soif d'air et de mouvement, — d'espace, — de liberté? — continua André.
— Oui, mon père.
— Tu serais heureux de quitter cette demeure qui te semble une prison? — heureux de courir le monde? — heureux de voyager?
— Oui, mon père! oh! oui... oh! oui... — s'écria le jeune homme avec un irrésistible élan... — j'en serais heureux!... bien heureux!...
Puis, après un moment de silence, il ajouta timidement :
— Mais, est-ce possible?...
— Oui, cela est possible, — répliqua André, — je le crois du moins, — je l'espère... — je l'espère et je le désire autant que toi, plus que toi, peut-être, mon pauvre enfant...
Eusèbe reprit:
— Et, serait-ce bientôt?
— Oui, bientôt.
— Mais, quand?
— Demain, peut-être...
— Comment?... comment? — murmura Eusèbe que cette joie inattendue enivrait, — nous partirions demain?...
— Si mon espoir se réalise, rien ne nous serait plus facile.
— Nous irions bien loin?
— Bien loin.
— Mais, où?
— Où tu voudrais, mon enfant, — dans le pays où les citronniers fleurissent, — où le soleil est éternel, — où le ciel d'azur se mire incessamment dans les flots bleus de la mer... — en Provence, — en Italie...
— En Italie!... — répéta Eusèbe avec un véritable délire. — En Italie!... à Rome!... à Naples!... à Venise!...
— Dans toutes ces villes et dans d'autres encore...
Eusèbe quitta sa place à table et il vint jeter ses deux bras autour du cou de son père, comme pour le remercier de tous ces espoirs enchanteurs qu'il lui donnait à caresser, — de tous ces riants mirages qu'il faisait passer devant ses yeux éblouis.
— Et, — demanda-t-il enfin, — quand saurons-nous, mon père, si ces beaux rêves vont devenir des réalités?

— Nous le saurons aujourd'hui sans doute, — peut-être ce soir, — peut-être dans une heure...
— Ce n'est donc pas votre volonté seule qui doit décider de tout cela, mon père?...
— Si ma volonté seule était en jeu, mon pauvre enfant, tes vœux secrets, tes désirs cachés, seraient exaucés depuis bien longtemps...
— Vous dépendez donc de quelqu'un?
— Hélas! oui... — répondit André avec une profonde tristesse.
— Vous dépendez de quelqu'un! — répéta Eusèbe, — c'est étrange!...
— Étrange? — Pourquoi?...
— Je croyais que les jeunes gens seuls devaient obéir à leurs parents, et que les hommes de votre âge étaient leurs maîtres absolus...
— Tu te trompais cruellement, mon enfant, — les riches et les puissants eux-mêmes ne peuvent se dire libres, indépendants et seuls arbitres de leurs destinées... — et, moi qui ne suis ni riche ni puissant, je dois courber la tête sous un joug bien lourd, mais qui, je le crois, va se briser enfin.
— Ce joug, mon père, quel est-il?
— Je ne puis ni ne veux te le dire, — et, si Dieu exauce ma prière, tu ne le sauras jamais...
On comprend que cette réponse d'André Lecoq coupa court aux interrogations d'Eusèbe.
La conversation entre le père et le fils s'arrêta là, — tous deux quittèrent la table et se séparèrent.
Le jeune homme alla s'asseoir sous le berceau de verdure du jardin et, pour la première fois de sa vie, se mit à construire de ravissants châteaux en Espagne, dont la base reposait sur les paroles un peu vagues de son père.
André Lecoq se retira dans sa chambre, et reprit cette promenade rapide et saccadée interrompue par lui le matin pour écrire à M. de la Reynie cette lettre suppliante, que nous avons cru devoir reproduire.
La plus grande partie de la journée se passa ainsi.
Le soir arriva.
L'obscurité descendit lentement sur Paris, enveloppant la grande ville de ces ténèbres opaques qu'un éclairage insuffisant ne dissipait qu'à peine dans les rues.
A mesure que s'écoulaient les heures, André Lecoq semblait perdre de plus en plus cet espoir de délivrance auquel il avait donné, trop facilement peut-être, entrée dans son cœur.
Un nuage sombre s'amoncelait sur son front, — ses sourcils se contractaient, et sa tête penchée sur sa poitrine exprimait son amer découragement.
Le père et le fils se retrouvèrent ensemble au souper. Jamais repas ne fut plus triste que celui-là.
Eusèbe voyait la souffrance morale de son père sans en comprendre la cause, et n'osait l'interroger sur ce sujet.
Pas une parole, — même insignifiante, — ne fut échangée entre eux.
Le souper s'acheva et les deux hommes se séparèrent après avoir échangé comme de coutume le baiser du soir.
André, rentré dans sa chambre, alluma sa petite lampe de cuivre, et, se laissant tomber plutôt qu'il ne s'assit sur le bord de son lit, il s'abîma dans une rêverie désolée.
Neuf heures, — puis dix, — puis onze heures, sonnèrent successivement au beffroi de l'église prochaine, sans que le retentissement sonore du marteau sur la cloche interrompît la méditation d'André.
Soudain il tressaillit.
Sa taille courbée se redressa, — un éclair jaillit de ses yeux largement ouverts, — et il s'élança vers la porte.
Il venait d'entendre frapper contre son volet ces trois coups bizarrement espacés qui annonçaient toujours la présence d'un nocturne et mystérieux visiteur.
André ouvrit.
Un homme de haute taille, enveloppé jusqu'aux yeux

dans un manteau gris, ample et flottant, entra dans la chambre.

Là il écarta son manteau, qui laissa voir un visage maigre et basané, aux traits durs mais expressifs.

Le nez recourbé, long et mince, rappelait vaguement le bec du vautour.

Les lèvres minces et pâles découvraient, dans une sorte de ricanement perpétuel, des dents pointues et séparées comme celles des loups.

Les yeux, d'une nuance indéfinissable, — pâles et clignotants autant que ceux d'un oiseau de nuit en face du soleil, — devaient voir clair dans les ténèbres.

Ce bizarre personnage était, sous son manteau, entièrement vêtu de noir. — Un ceinturon de cuir, serré autour de sa taille mince et longue, supportait une paire de pistolets.

Il souleva à demi son chapeau à larges bords, et, de la main droite, il fit à André un geste de salutation familière.

Puis il parut attendre les questions de celui chez qui il se présentait ainsi à l'improviste.

— Vous venez de la part de monseigneur? — demanda vivement André.

— Oui, — répondit le nouveau venu, avec un laconisme digne des beaux temps de Lacédémone.

— Vous êtes chargé de quelque chose pour moi?
— Oui.
— Eh bien! j'attends.

Le visiteur fouilla dans la poche de côté de son pourpoint, et il en tira une lettre scellée d'un large cachet de cire rouge.

— Voilà, — dit-il en présentant cette lettre à André, qui la saisit et en brisa le cachet avec un fiévreux empressement.

La lettre ne contenait que les lignes suivantes:

« Ordre est donné à André Lecoq de se rendre auprès de monseigneur le lieutenant-général de la police du royaume, à quelque heure du jour ou de la nuit que lui parvienne le présent écrit. »

— Savez-vous ce que renferme ce billet? — demanda André après l'avoir lu.

— Oui, — répondit le messager nocturne.
— Ainsi, monseigneur m'attend?
— Oui.
— Prenez les devants, je vous prie, et prévenez monseigneur que je vais me rendre à ses ordres à l'instant même...

L'inconnu secoua la tête:
— Impossible, — dit-il.
— Vous ne pouvez me précéder?
— Non.
— Pourquoi?
— Parce que j'ai l'ordre de ne pas vous perdre de vue, ne fût-ce qu'une minute, à partir du moment où vous aurez reçu le billet dont j'étais porteur...
— Ah! — fit André.

Puis, sans ajouter une seule observation à cet unique monosyllabe, il répara l'excessif désordre de sa toilette, — posa un chapeau sur sa tête, — jeta un manteau sur ses épaules et dit:

— Je suis prêt.
— Alors, venez.
— Passez, je vous suis...
— Non, — sortez le premier, je vous en prie...

André haussa les épaules et passa.

Il ferma la porte de la maison, — mit la clef dans sa poche et marcha d'un pas rapide, — en compagnie de son guide ou de son gardien, comme on voudra, — dans la direction de l'hôtel occupé par monseigneur de la Reynie, lieutenant-général de la police du royaume.

§

Il nous paraît impossible que nos lecteurs, — pour peu que cette étrange histoire les intéresse d'une façon quelconque, — ne se soient pas demandé plus d'une fois quelle était la position du personnage que nous mettons en scène sous le nom d'André Lecoq, et d'où provenaient ses rapports avec M. de la Reynie, — rapports qui semblaient lui peser si étrangement.

Quelques-uns de nos lecteurs, sans doute, ont déjà deviné une partie de la vérité.

Nous allons la leur dire tout entière.

IV

ANDRÉ LECOQ.

C'était une étrange, triste et curieuse histoire que celle d'André Lecoq, et, peut-être, dans cette histoire y avait-il le sujet d'un livre.

Mais André Lecoq, — si intéressant qu'il nous paraisse — n'est point le héros, ni même le principal personnage de ce récit.

Nous ne pouvons donc lui consacrer ni deux volumes, — ni un volume, — ni un demi-volume, — ni cinquante pages, — ni même un chapitre tout entier.

Il nous faut raconter sa vie en quelques lignes, avec toute l'aridité d'un précis chronologique, *ad usum scholarum*.

André Lecoq appartenait à une très-honorable famille de la bourgeoisie de Toulouse.

Son père, commerçant retiré, avait été prévôt des marchands et jouissait d'une grande aisance.

Cet honnête homme mourut trop tôt, laissant à André, son fils unique, alors âgé de vingt-trois ans, un nom sans tache et une fortune de près de deux cent mille livres, — somme bien plus considérable à cette époque qu'aujourd'hui.

André était un garçon rempli de cœur et d'intelligence, — mais d'une intelligence exaltée, d'une imagination ardente, d'un tempérament de feu, et dominé par des passions d'une violence singulière.

Son père, tant qu'il avait vécu, s'était efforcé de refréner ces passions par tous les moyens possibles, en tenant la bride serrée à son fils et en ne lui donnant que fort peu d'argent...

Le résultat de cette contrainte est prévu, — l'incendie n'est jamais plus terrible que lorsqu'il a couvé longtemps sous la cendre, — le jour arrive où il éclate, malgré tout, et alors ses ravages sont incalculables et son impétuosité irrésistible.

André, à la mort de son père, perdit littéralement la tête en se trouvant tout d'un coup riche et libre.

Il partit pour Paris, où il se plongea à corps perdu dans des excès et des plaisirs de toute sorte.

Trois années se passèrent ainsi, dans un perpétuel enivrement.

Puis un beau matin, André se réveilla sans un sou.

Les coquines qui avaient été ses maîtresses, et les fripons qui s'étaient faits ses amis, avaient tout partagé.

En ce moment les yeux d'André Lecoq s'ouvrirent sur le passé, — mais trop tard.

Il comprit que, jusqu'alors, il avait été dupe.

Il se demanda ce qu'il allait faire du long avenir qui se déroulait devant lui, et qui ne lui apparaissait point revêtu des plus riantes couleurs.

André avait trop de loyauté naturelle pour songer à devenir fripon à son tour, après avoir été longtemps friponné.

Il n'admettait pas non plus le suicide comme dénouement de ses trois années de folies.

Il prit le seul parti qui s'offrit à lui et qui ne lui répugnait point outre mesure.

Il s'enrôla dans le régiment de Royal-Bourgogne.

Son éducation, beaucoup plus soignée que celle des autres soldats, et sa bonne conduite le firent remarquer de ses chefs.

Sans doute il allait obtenir de l'avancement quand, à propos d'une jolie cantinière à laquelle il faisait la cour, il se prit de dispute avec un bas-officier de son régiment.

Insulté et provoqué par son supérieur, — emporté d'ailleurs par l'indomptable violence de son caractère, — il tira son épée, en frappa son grossier rival, et le laissa mort sur le coup.

Traduit pour ce fait devant un conseil de guerre, André fut condamné à mort, ce qui était inévitable.

Mais sa bonne conduite antérieure ayant plaidé fortement pour lui, — la peine de mort fut commuée en celle des galères à perpétuité.

Mieux sans doute eût valu mourir!...

Sous la casaque rouge des galériens, André attira l'attention par son intelligence rare et par sa conduite irréprochable.

D'ailleurs son crime n'était point de ceux qui déshonorent un homme.

Le malheureux jeune homme traînait le boulet depuis deux ans, lorsqu'il eut l'occasion de rendre un service signalé.

Un grand nombre de galériens avaient formé un complot dont le but était le massacre des surveillants, l'incendie du bagne et une évasion générale.

André surprit le complot et le dénonça.

Instruit de ce fait, le lieutenant de police, prédécesseur de M. de la Reynie, fit venir André à Paris et lui offrit sa grâce, s'il voulait faire partie, en qualité d'*agent secret*, de la police de Paris.

Tout était préférable aux galères. — André accepta.

Le haut magistrat ne tarda point à avoir la preuve qu'en attachant André à son administration, il avait fait, comme on dit vulgairement, *un coup de maître*.

Le nouvel agent devint bientôt le plus habile, le plus rusé, le plus clairvoyant de tous les limiers.

Il suivait un crime à la piste, comme un chien de race suit un lièvre ou un chevreuil, sans jamais se laisser dérouter.

Il savait prendre toutes les formes, — revêtir tous les déguisements, — il avait vingt individualités à son service, — toutes distinctes, — toutes complètes, — toutes irréprochables.

Bref, André obtint des succès presque incroyables, tant quelques-uns d'entre eux étaient prodigieux et en dehors de toute prévision, — de toute vraisemblance.

En même temps il se prenait d'un goût très-vif pour l'étrange état qu'il avait non pas choisi mais accepté, et au service duquel il mit avec ardeur toutes ses facultés.

Meurtriers et voleurs, filous et bandits de toute sorte, tremblèrent dans leurs antres abjects, car il n'y avait plus dans la grande ville de repaire assez mystérieux, de ténèbres assez profondes, pour les dérober à l'œil de lynx d'André Lecoq.

M. de la Reynie fut nommé lieutenant de police.

Son prédécesseur lui recommanda l'*agent secret* comme le plus habile et le plus précieux parmi toute cette bizarre et terrible population qu'il avait sous ses ordres.

André voulut faire honneur à cette recommandation et il redoubla de zèle et d'activité.

Il accomplit des choses inouïes, et M. de la Reynie, en homme juste et en bon calculateur, proportionna les appointements de l'agent secret au mérite dont il faisait preuve, et le mit à même de réaliser assez promptement une véritable fortune.

Tout allait pour le mieux, et André Lecoq se trouvait aussi heureux qu'il est possible de l'être en ce bas-monde, lorsque, parvenu déjà à sa trente-cinquième année, il s'avisa de devenir amoureux d'une jeune fille à laquelle il fit partager sa passion.

Certain d'être aimé, André s'adressa aux parents de Geneviève, — ainsi se nommait la jeune fille, — pour leur demander sa main.

On lui répondit que, si honorables que fussent ses propositions, elles ne seraient point agréées tant qu'il ferait partie des suppôts de la police.

André sollicita de M. de la Reynie l'autorisation de se démettre de son emploi.

Le haut fonctionnaire tenait beaucoup à son agent et refusa net.

André n'espérant point fléchir son supérieur, résolut de forcer le consentement de la famille.

Il séduisit Geneviève et rendit le mariage indispensable.

En effet il devint le mari de Geneviève, mais de Geneviève maudite et chassée par son père.

Un mariage contracté sous d'aussi déplorables auspices ne pouvait guère être heureux.

Rarement Dieu bénit et protège une union que la famille a maudite!...

Au bout d'un peu plus d'un an de mariage, Geneviève mourut en donnant le jour à un fils.

Cet enfant fut nommé Eusèbe, et c'est lui que nous connaissons.

Brisé par un désespoir au-dessus des forces humaines, André demanda des consolations à Dieu et à la religion, et reporta sur son fils Eusèbe toute sa tendresse et toutes ses espérances.

Nous savons déjà de quelle manière il avait cru devoir élever cet enfant.

Cette séquestration presque absolue, cette surveillance de tous les instants dont nous avons parlé, avaient un double but.

André croyait éviter ainsi le développement précoce de ces passions impérieuses dont lui-même avait eu tant et si longtemps à souffrir, et qui peut-être avaient été transmises à son enfant en même temps que le sang paternel.

Il voulait en outre empêcher à tout prix que quelque circonstance fortuite vînt apporter à Eusèbe la connaissance d'un passé déshonoré.

Plus d'une fois, depuis dix-huit ans, les instances d'André auprès de M. de la Reynie s'étaient renouvelées pour obtenir cette liberté tant convoitée.

Le lieutenant de police était resté inflexible.

Nous venons de voir l'agent secret tenter une nouvelle démarche plus suppliante que les précédentes.

Nous connaissons les circonstances qui l'avaient dictée.

Nous allons maintenant apprendre de quelle façon cette démarche fut accueillie par le magistrat suprême, auquel la touchante requête du père d'Eusèbe était adressée.

§

André Lecoq et son compagnon arrivèrent à l'hôtel de monseigneur le lieutenant général de la police du royaume.

Il était en ce moment à peu près minuit.

Un grand mouvement d'allées et de venues se faisait autour de l'hôtel, — mais ce mouvement était silencieux, et aucune parole ne s'échangeait entre tous ces hommes qui se croisaient et se dépassaient en étouffant le bruit de leurs pas.

A deux ou trois reprises une ombre muette se détacha de quelqu'un des groupes, et s'approcha des deux arrivants.

Mais, après les avoir reconnus, cette ombre s'éloignait sans prononcer un mot.

Au premier coup de marteau frappé contre la porte de l'hôtel, cette porte s'ouvrit. — Dans la cour se voyait un carrosse encore attelé. — L'épaisse vapeur qui s'exhalait du corps des chevaux attestait la rapidité de la course qu'ils venaient de fournir.

Quatre ou cinq agents, assis sur les banquettes de l'antichambre qui précédait le cabinet de travail de M. de la Reynie, semblaient attendre des ordres.

Ils saluèrent fort respectueusement André Lecoq qu'ils reconnaissaient tous pour leur supérieur.

— Monseigneur est-il seul ? — demanda l'inconnu à l'un de ces agents.

Celui-ci répondit par un signe de tête affirmatif.

— Alors, — reprit l'inconnu en s'adressant à André, — puisque monseigneur vous attend, allez.

André s'approcha de la porte du cabinet, et non sans un fort battement de cœur, il heurta légèrement.

— Qui frappe ? — demanda une voix de l'intérieur.

— Moi, André Lecoq, monseigneur...

— Entrez.

André obéit, et, après avoir refermé la porte derrière lui, se trouva face à face avec M. de la Reynie.

Monseigneur le lieutenant de police était un homme de cinquante ans environ, — grand et fort, — un peu ventru, — le visage singulièrement coloré.

Ses traits prononcés et irréguliers manquaient absolument de distinction.

Les yeux seuls, — très-vifs, très-mobiles et d'un éclat insoutenable, — donnaient de l'animation et du cachet à une physionomie qui, sans eux, eût semblé morne et vulgaire.

Une ample perruque d'un noir d'ébène, et d'épais sourcils de la même couleur, faisaient paraître dur et presque farouche le visage de M. de la Reynie.

Le lieutenant de police était assis devant un large et magnifique bureau d'ébène, incrusté de cuivre et de nacre. — Il feuilletait avec une sorte de rage d'énormes liasses de papiers et de documents amoncelés à portée de sa main.

Deux candélabres, supportant chacun huit bougies, l'éclairaient dans son travail.

Il se retourna à demi et attacha son regard sur l'agent secret.

Ce dernier s'inclina profondément.

— C'est vous, André Lecoq, — dit le lieutenant de police après une seconde de silence, — je vous attendais.

— Monseigneur m'a fait l'honneur de me faire appeler ?

— Oui.

— Monseigneur a reçu la lettre que j'ai pris la liberté de lui faire parvenir ce matin?...

M. de La Reynie prit une feuille de papier parmi toutes les feuilles entassées sur son bureau.

— Cette lettre, la voici, — dit-il en la montrant à André.

— Et, — murmura l'agent secret d'une voix profondément émue, — puis-je espérer que monseigneur daignera, cette fois, favorablement accueillir mon humble requête...

M. de La Reynie, avant de répondre, fixa pendant une ou deux secondes sur son interlocuteur son regard inquisiteur et perçant.

Puis il dit :

— André Lecoq, savez-vous ce qui se passe dans Paris ?

— Non, monseigneur, je ne sais rien.

— Je m'en doutais. — Il m'eût coûté beaucoup d'être forcé de croire que vous étiez un lâche.

— Un lâche ! — répéta l'agent secret avec étonnement.

— Oui, un lâche ! car quel autre nom donner au soldat qui songe à déserter son poste au moment de la bataille...

L'étonnement d'André se changeait en stupeur.

— J'entends bien les paroles que monseigneur daigne m'adresser, — répliqua-t-il, — mais, sur ma part de paradis, je jure à monseigneur que je n'en comprends pas le sens... — Monseigneur parle d'un lâche qui quitte son poste au moment du danger... — il y a donc un danger ?

— Certes !...

— Que monseigneur me pardonne si j'ose prendre la liberté de l'interroger... — Quel est ce danger ?

— Je vais vous le dire, André Lecoq, et vous verrez ensuite si vous implorerez toujours comme une faveur, en ce moment du moins, cette liberté que vous êtes si désireux d'obtenir... — Asseyez-vous en face de moi, et écoutez...

— J'écoute, monseigneur.

V

LE ROI.

Nous allons, si vous le voulez bien, laisser pour un instant André Lecoq en tête-à-tête avec le lieutenant de police, dans le cabinet de ce dernier, pour nous occuper de ce qui s'était passé dans la soirée de ce même jour au château de Versailles.

Vers les six heures de relevée, M. de La Reynie avait reçu l'ordre de se rendre auprès du roi dans le plus bref délai.

Cet ordre avait singulièrement ému et troublé le haut fonctionnaire auquel il s'adressait.

En effet, l'habitude de Sa Majesté était de travailler une fois par semaine, — le matin, — avec le lieutenant général de la police de son royaume.

Or, cette séance de travail avait eu lieu précisément la veille de ce jour.

Il fallait donc que quelque chose de bien grave fût arrivé à la connaissance de Sa Majesté, pour l'engager à mander ainsi sans retard et à l'improviste M. de La Reynie.

Tout en se demandant avec anxiété quelle pouvait être cette chose grave, le magistrat avait revêtu son costume de cérémonie, — il avait fait atteler son carrosse de gala, et il était parti, en enjoignant au cocher de brûler le pavé.

Au moment où M. de La Reynie arrivait à Versailles, le roi venait de passer dans les appartements de madame de Montespan.

Le lieutenant de police fit annoncer à Sa Majesté qu'il s'était rendu à ses ordres, et il fut introduit sur-le-champ.

Après s'être incliné devant le grand roi comme l'exigeait l'étiquette de la cour, c'est-à-dire en se prosternant à demi, — après avoir salué profondément madame de Montespan qui ne lui répondit que par une légère inclination de tête, M. de La Reynie osa jeter un timide coup d'œil sur le visage de Louis XIV.

Ce visage était sombre.

Les sourcils se fronçaient comme ceux de Jupiter tonnant, — le regard lançait des éclairs précurseurs de la foudre.

Rien qu'à voir la couleur du ciel et de la mer, les pilotes expérimentés président une tempête, — de même M. de La Reynie sut lire les présages d'une disgrâce dans la menaçante expression du royal amant de madame de Montespan.

On n'interrogeait pas le roi.

Le lieutenant de police se vit donc forcé de dévorer son anxiété poignante, en attendant qu'il plût à Sa Majesté d'entamer l'entretien.

Un profond silence régna pendant quelques secondes dans le petit salon de la favorite.

Le roi, assis, et l'un de ses coudes appuyé sur une table de laque qui supportait un portefeuille noir, attachait sur M. de La Reynie un regard pareil à celui de l'aigle qui va fondre sur sa proie.

Madame de Montespan, placée sur une chaise longue, en face du roi, jouait avec son éventail.

M. de La Reynie, dans une attitude humble et désolée, attendait.

Enfin, le roi rompit le silence.

— Monsieur, — demanda-t-il d'une voix sèche et brève, — savez-vous quels sont les devoirs d'un lieutenant de police ?

— Je crois les connaître, sire, — balbutia l'important magistrat.
— Ah ! vous croyez... — Eh bien ! quels sont-ils ?
M. de La Reynie essaya de répondre, — mais il était tellement troublé qu'il lui fut impossible d'articuler une parole.
— Non, monsieur, — reprit alors le roi, — ces devoirs vous ne les connaissez pas, et je vais vous les apprendre...
— Le premier de tous est de veiller sur l'existence de mes sujets..., de protéger leur vie... d'empêcher que ma bonne ville de Paris devienne un coupe-gorge... un repaire de bandits ténébreux... une caverne de brigands !..
— Je suis le père de mes sujets ; vous, lieutenant de police, vous me devez compte de chacun de mes enfants. — Ce compte, pouvez-vous me le rendre ?...
— Mais... sire...
— Non, vous ne le pouvez pas !... — interrompit le roi, — vous ne le pouvez pas, et votre inexcusable incurie vous rend complice des crimes effroyables qui se commettent dans l'ombre et restent impunis !...
M. de La Reynie trouva moyen de bégayer d'une façon interrompue et à peine distincte, les paroles suivantes :
— Je vois avec désespoir que des ennemis bien cruels m'ont desservi dans l'esprit de Votre Majesté...
Le roi frappa du plat de sa main sur la table de laque, avec une violence qui était en dehors de toutes ses habitudes, toujours empreintes d'une dignité un peu théâtrale.
Puis il s'écria :
— Non, monsieur, personne ne vous a desservi auprès de moi !... — vous n'avez d'autre ennemi que vous-même !... — c'est à vous seul que vous devez vous en prendre de ce qui arrive, car vous seul avez mérité les reproches que je vous adresse.
Le roi s'arrêta.
M. de La Reynie ne pouvait questionner, mais sa pantomime expressive suppléait à la parole absente.
Cette pantomime disait clairement :
— Quel est mon crime ?... quels reproches m'adresse Votre Majesté !...
Louis XIV comprit à merveille.
Il ouvrit le portefeuille noir dont nous avons parlé tout à l'heure, et il en tira un papier sur le quel il jeta les yeux.
— Est-il vrai, — demanda-t-il ensuite, — est-il vrai que depuis dix jours, sept jeunes gens, — dont le plus jeune avait dix-huit ans, et le plus âgé vingt-cinq, — dont quatre appartiennent à des familles de riche bourgeoisie, et trois à des familles de noblesse, — aient disparu subitement ?
M. de La Reynie baissa la tête.
Le roi reprit :
— Répondez, monsieur, répondez !... — cela est-il vrai, oui ou non ?
— Eh bien ! oui, sire, cela est vrai...
— Ainsi, vous le saviez ?
— Le lieutenant-général de la police doit tout savoir...
— Comment se fait-il qu'hier vous no m'ayez pas dit un seul mot de ces disparitions étranges ?
— Je n'ai point voulu affliger et inquiéter inutilement Votre Majesté... j'espérais...
— Qu'espériez-vous, monsieur ?
— Trancher le mal dans sa racine, — découvrir, à l'aide de mes innombrables agents, l'auteur ou les auteurs de ces crimes audacieux qui, s'ils ne sont pas absolument prouvés, ne sont au moins que trop probables...
— Et vous n'avez rien découvert ?
— Rien encore...
— Et vous n'êtes point sur les traces ?
— Hélas ! sire, jusqu'à ce jour, toutes les recherches sont restées infructueuses...
— Ainsi donc, — s'écria Louis XIV en se levant, — ainsi, dans la première ville de mon royaume, qui est le premier du monde, dans un siècle de civilisation et de lumière, qui sera grand entre tous les siècles, — avec un lieutenant de police qui se dit un homme habile et dépense des millions pour soudoyer une armée d'agents, on voit se succéder en plein soleil une série de ces crimes fantastiques auxquels on refuserait de croire et qu'on traiterait de légendes, si quelques chroniqueurs les avaient placés au milieu des ténèbres du moyen âge, au milieu de la barbarie du vieux Paris... — Sept jeunes gens disparaissent en quelques jours, — les uns riches et beaux, — les autres, beaux, riches et nobles !... — Sept familles en pleurs réclament leurs enfants vivants ou morts !... — A ces victimes il faut des tombes !... — à ces parents désespérés il faut une vengeance ! — à ces criminels il faut un supplice !... — et j'ai un lieutenant de police !... — un homme qui doit avoir mille flambeaux pour éclairer les ténèbres du crime, — mille regards pour lire dans la nuit, — mille mains pour saisir les coupables !... — et quand je demande à cet homme s'il est prêt à saisir dans leur antre les ravisseurs, les assassins, il me répond : — *Je ne sais rien encore !* — Mais alors ces misérables vont braver plus audacieusement que jamais une police aveugle et sourde ! Fiers de l'impunité qui leur est acquise, ils vont continuer leur œuvre infernale !... — Demain nous apprendrons de nouveaux crimes, — plus nombreux, plus effrayants que ceux d'hier !
Epuisé par la violence de son indignation, par l'excessive chaleur qu'il venait de mettre dans son véhément discours, le roi se tut et se laissa retomber sur le siége qu'il avait quitté un instant auparavant.
M. de La Reynie, muet, consterné, avait l'attitude d'un homme que le bourreau réclame.
Une sueur glacée coulait en grosses gouttes sur son front.
Madame de Montespan continuait à jouer avec son éventail, tandis qu'un sourire contenu écartait à demi ses lèvres vermeilles et charmantes.
La favorite n'aimait point M. de La Reynie et jouissait délicieusement de son trouble et de son humiliation.
Pendant quelques secondes on n'entendit dans le salon que le petit bruit sec de l'éventail, qui s'ouvrait et se fermait sans relâche.
Louis XIV reprit la parole.
Son emportement s'était calmé, mais sa voix n'avait rien perdu de son âpreté et de sa sécheresse.
— Il faut que ces crimes aient une fin, — dit-il, — il le faut, — vous m'entendez bien, — JE LE VEUX. — La police de mon royaume doit être dirigée par un homme dont le regard soit clairvoyant et dont la main soit ferme. — Si des disparitions nouvelles reviennent à désoler et à épouvanter Paris, je saurai que vous n'êtes pas cet homme et j'aviserai à mettre en votre place quelqu'un qui saura la remplir. — Je vous donne quinze jours... — c'est beaucoup, monsieur, c'est trop ; — allez, maintenant, et souvenez-vous que vos devoirs sont grands et sacrés, et que vous les avez trop négligés jusqu'à présent.
M. de La Reynie se courba de nouveau jusqu'à terre.
Il sortit du salon en marchant lentement, le visage toujours tourné vers le roi, et il gagna le carrosse qui l'attendait, dans lequel il se jeta plus mort que vif, et qui le ramena à son hôtel sans qu'il lui ait été possible de reprendre, chemin faisant, la conscience de ce qui venait de se passer.
Il ne lui restait de force que pour maudire, du plus profond de son âme, les gens mal intentionnés à son endroit par qui le roi avait été si bien et si fatalement renseigné.
Cet état d'anéantissement profond, de prostration absolue, céda peu à peu, quand M. de La Reynie se retrouva chez lui, au milieu de ce monde de serviteurs et d'agents qui tremblaient rien qu'au son de sa voix, et qu'il pouvait traiter à sa guise et courber d'un seul mot, comme Louis XIV venait de le courber lui-même.
Cependant le roi avait parlé : le roi était irrité et

menaçant, — la disgrâce, un instant retardée, restait imminente.

Il fallait apaiser le maître suprême, — il fallait détourner l'orage.

Il fallait agir, — agir sans relâche.

En toute autre occurrence, faire parade d'un zèle infatigable, d'une ardente activité, eût été suffisant, — mais maintenant on ne tiendrait compte que de la réussite, — d'une réussite prompte et complète.

De cette réussite dépendait tout l'avenir du lieutenant de police. — Il s'agissait pour lui, comme dit Shakespeare : *d'être ou de n'être pas.*

Or, M. de La Reynie tenait à sa place autant et peut-être plus que les ministres d'hier et d'aujourd'hui, aussi bien que ceux de demain, tenaient, tiennent et tiendront à leurs portefeuilles.

La première idée qui surnagea dans le désordre de son esprit, fut qu'il pouvait et devait fonder son principal espoir sur l'habileté, cent fois prouvée et toujours couronnée de succès, de l'agent secret André Lecoq.

Mais André, assez gravement malade depuis quelques jours, était-il en état de reprendre immédiatement son service ?

M. de La Reynie allait sonner pour avoir des renseignements à ce sujet, quand il aperçut sur son bureau une lettre qui y avait été placée dans la matinée, et dont l'adresse était tracée par une main bien connue de lui, — celle de l'agent secret.

Le lieutenant de police brisa vivement le cachet, et lut, d'un bout à l'autre, pour ainsi dire d'un seul regard, cette lettre que nous connaissons.

— Il veut sa liberté, — murmura-t-il presqu'à haute voix, — c'est bien... il l'aura... mais il faut qu'il l'achète par un dernier service...

Et, prenant une feuille de papier, il traça à la hâte quelques lignes qu'il remit à un des agents en qui il avait le plus de confiance, en lui ordonnant de la porter à André Lecoq et de ne point perdre de vue ce dernier avant de l'avoir amené à l'hôtel et jusqu'au cabinet dans lequel il allait l'attendre.

Une heure après, André Lecoq et M. de La Reynie se trouvaient en présence l'un de l'autre, et c'est alors que commença l'entretien au début duquel nous avons fait assister nos lecteurs et dont nous ne tarderons pas à connaître la suite.

VI

VOX POPULI.

Louis XIV avait raison, — le désespoir et la terreur régnaient, non-seulement dans le sein des familles qui venaient d'être si cruellement éprouvées par la disparition d'un de leurs membres, mais dans Paris tout entier.

Chaque mère tremblait pour son fils, et le terrible et profond mystère, enveloppant d'épaisses ténèbres les drames inconnus qu'on ne pouvait que soupçonner, augmentait l'épouvante.

Les bruits les plus étranges et les plus contradictoires couraient à ce sujet dans la population de la grande ville, — et, quoiqu'elles se combattissent les unes les autres, chacune de ces versions rencontrait peu d'incrédules.

Les uns affirmaient que certaines grandes dames, dont on prononçait les noms tout bas, — et quelquefois tout haut, — renouvelaient au fond des boudoirs ensanglantés d'un sinistre lupanar les orgies meurtrières de la tour de Nesles, et qu'après avoir assouvi dans des embrassements frénétiques, dans des caresses dévorantes, leur soif de brutales voluptés, elles faisaient, — nouvelles Marguerite de Bourgogne, — assassiner leurs amants d'une heure !..

D'autres soutenaient qu'en haine du Dieu crucifié, des dames fanatiques et sacriléges s'emparaient des jeunes hommes, en les attirant dans un piège auquel servaient d'appât les yeux doux et mortels d'une sirène israélite, et les faisaient mourir sur un crucifix, lentement et avec des raffinements inouïs de tortures et de barbarie, tandis qu'en face de l'instrument de leur supplice consacré de la plus épouvantable manière une hostie consacrée.

D'autres enfin, — et ceux-là étaient les plus nombreux, et leur opinion prévalait sur toutes les autres, — parlaient de la BANDE ROUGE et des bains de sang.

Ceci demande une explication.

Nous allons la donner.

La voix populaire, — *vox populi,* — qui n'est pas toujours, heureusement, la voix de Dieu, — répétait avec une conviction inébranlable que cinq ou six maladies, toutes mortelles, trouvaient un remède épouvantable, mais certain, dans des bains de sang humain encore chaud.

La publique rumeur ajoutait que des misérables, qu'on désignait collectivement sous le nom de *la Bande-Rouge*, faisaient métier d'assassiner des hommes dans la force de la jeunesse et de la santé, afin de vendre cette épouvantable panacée à des gens assez riches pour la payer au poids de l'or, et assez infâmes pour en faire usage.

A l'appui de cette croyance on citait le fait suivant que personne, — depuis les ateliers du faubourg Saint-Antoine jusqu'aux salons de Versailles, — ne révoquait en doute.

Comme cette hideuse anecdote, pour si invraisemblable qu'elle soit, peut cependant être vraie, nous la reproduirons telle qu'elle, et nous laisserons parler les *Annales de la police*, auxquelles nous avons emprunté ce récit tout entier, — ainsi que nous l'avons dit dans les quelques lignes d'avant-propos.

Cette déclaration, deux fois répétée, n'empêchera pas, nous le savons à merveille, qu'on ne nous accuse de plagiat...

C'est fort triste !... mais que voulez-vous ?...

Pour être franc, nous devons convenir que des accusations de ce genre n'altèrent en rien notre parfaite et complète placidité de romancier.

Cela posé, revenons à nos moutons, c'est-à-dire à notre anecdote.

Vers l'année 167*, vint à Paris un personnage fort étrange, fort original, et sur lequel se fixa, à l'instant même, l'universelle curiosité.

Ce personnage était un riche *Knès*, autrement dit grand seigneur tartare.

Le prince Trespacky, — ainsi se nommait l'étranger, — était de cette manière de colosse, un de ces hommes gigantesques qu'on prendrait volontiers pour quelque arrière-cousin d'Hercule ou de Briarée, et à qui il faudrait pour monture ces mastodontes et ces rhinocéphales monstrueux dont la science moderne reconstitue les squelettes antédiluviens.

Le Tartare n'avait pas cent bras, comme le Briarée dont nous parlons, mais, — ce qui revient à peu près au même, — il avait cent domestiques.

Un tel état de maison en voyage supposait une fortune beaucoup plus que princière, et à cet égard les suppositions restaient toutes en deçà de la réalité.

Le prince Trespacky aurait pu passer pour sot aux yeux des gens peu observateurs, — il n'était qu'ignorant ; — son esprit tartare, étincelant, quoique naïf, se décelait à tout propos dans la conversation par des finesses de bon aloi.

Trop grand seigneur pour se présenter à la cour autrement qu'en qualité d'ambassadeur, le prince annonça qu'il n'irait point à Versailles, mais qu'il se proposait de s'en dédommager en voyant tour à tour la meilleure et la plus mauvaise compagnie de Paris.

Tout est de mode en France.

La grande taille du Tartare, — son esprit bizarre, — son train d'un luxe invraisemblable, — ses vêtements étranges et splendides, — les traits admirablement réguliers, mais singulièrement durs et hautains de son visage, le mirent bien vite en renom.

Pendant quelques mois il ne fut question que du prince, — on ne parla que de la somptuosité de son hôtel, — de la richesse orientale de ses ameublements, — et enfin, et surtout, du nombre véritablement invraisemblable de ses maîtresses.

Jamais Paris n'avait rien vu ni rien rêvé de semblable aux chevaux, — aux équipages, — aux livrées, — aux repas, — aux diamants, — à la petite maison du fameux Tartare!

Tout cela n'était qu'étonnant.

Mais ce qui devenait incompréhensible, c'est qu'il paraissait prouvé que Trespacky, dans ses nuits d'amour, égalait en se jouant le plus difficile des travaux d'Hercule.

— Ce n'est pas possible! — disaient les maris en haussant les épaules avec un ironique sourire.

Mais les femmes répondaient :
— Qui sait?

Et elles raffolaient du Tartare, — et elles le croyaient — (sur parole), — capable de tout.

Et, certes, il lui fallait bien réellement la force d'Hercule pour suffire aux innombrables bonnes fortunes qui venaient s'offrir à lui sans relâche, et dont il ne refusait aucune, — pour peu que la quémandeuse d'amour fut jeune et jolie.

Tout à coup un bruit se répandit avec la rapidité de l'éclair, — bruit contesté d'abord, — puis vraisemblable, — puis certain.

On avait vu, — il n'y avait plus moyen de douter...

Les fabuleux excès du Tartare avaient porté leurs fruits empoisonnés...

Une maladie corrosive, — hideuse, — dégoûtante, — quelque chose de plus dégradant que la lèpre orientale, venait de s'emparer du prince.

Le corps de Trespacki ressemblait à un cadavre infect dont les vers ont déjà pris possession, — sa chair tombait en lambeaux fétides.

Il fit venir les médecins les plus illustres et les consulta sur son état.

Tous, sans exception, crurent faire acte d'un courage nécessaire en lui déclarant qu'il était perdu.

— Sans ressources? — demanda Trespacky
— Sans ressources, prince.
— C'est votre avis, messieurs?
— Notre avis unanime.
— C'est bien, chers docteurs, je vous remercie de votre franchise. — Allez.

Les médecins partirent et annoncèrent dans tout Paris que le fameux Tartare était condamné par la science et qu'il n'avait plus que quelques semaines, tout au plus quelques mois à vivre.

Ses amis, — et ils étaient nombreux, — furent consternés de cet arrêt.

Ses maîtresses, — et elles étaient innombrables, — ressemblèrent à des naïades éplorées, tant elles versèrent de larmes amères.

Le Tartare, lui, ne fit que rire de la menace des médecins.

Il prit congé de ses amis et de ses maîtresses.

— Je pars, — dit-il, — mais je reviendrai dans un an, plus frais, plus dispos, plus robuste que jamais...

Un si fol espoir, un si étrange aveuglement parurent incompréhensibles à tout le monde.

Comment admettre, en effet, la possibilité d'une guérison qu'un miracle seul pourrait expliquer?...

La lèpre s'étendait d'heure en heure, — de minute en minute.

Les princes de la science (comme on dirait aujourd'hui), affirmaient qu'on ne devait rien souhaiter aussi vivement que la prompte mort de Trespacki, car sa position était affreuse, et ses tortures iraient en augmentant jusqu'à la dernière seconde de sa vie.

Cependant le Tartare partit.

Quatorze mois s'écoulèrent.

On connaît la versatilité de l'esprit français, en général et de l'esprit parisien en particulier.

En France, et à Paris, plus qu'en tout autre lieu du monde, il faut reconnaître l'absolue vérité du proverbe *les absents ont tort.*

Certains peuples brisaient leurs idoles après les avoir adorées. — Paris fait mieux que briser les siennes, — quand il ne les voit plus, — il les oublie...

C'est assez dire qu'au bout de quatorze mois, le knès Trespacki était oublié aussi complètement que s'il n'avait jamais existé.

C'est tout au plus si, de temps à autre, son nom venait à être prononcé par hasard...

Et alors l'un de ses anciens compagnons de plaisir, — l'une de ses favorites, disait en hochant la tête :
— C'était un bien drôle de corps que ce prince!...

Et le knès n'avait pas d'autre oraison funèbre que celle-là.

Mais voici que tout à coup un bruit subit, auquel, de prime abord, personne ne voulut ajouter foi, remplit Paris et Versailles.

Ce bruit disait que le Tartare, que l'on croyait si bien mort et si parfaitement enterré, était vivant.,.

Et que, non-seulement il était vivant, mais qu'il était, depuis la veille, de retour à Paris...

Et que, non-seulement il était de retour, mais encore que jamais sa santé n'avait été plus florissante, et qu'il ne restait sur sa personne aucune trace, même la plus légère, de son épouvantable maladie.

Or, nous le répétons, pour admettre une guérison semblable, il fallait admettre un prodige, — quelque chose de merveilleux comme une intervention surnaturelle.

Aussi, le premier mouvement de tout le monde fut-il de s'écrier :
— C'est impossible!...

Mais, le lendemain, il n'y avait plus moyen de douter, ni de la présence à Paris du knès, ni de la miraculeuse guérison.

Un certain nombre d'hommes de qualité, plusieurs grandes dames, et quelques courtisanes, avaient vu le noble étranger.

Tous et toutes s'étaient convaincus par leurs propres yeux de l'accomplissement du prodige.

Le Tartare avait reconquis sa force et sa beauté, — il avait repris sa peau si fine et si blanche.

Ses fraîches couleurs étaient revenues, ainsi que ses paupières, ses cils et ses sourcils, rongés naguère par l'âcreté du mal.

La Faculté de médecine jeta les hauts cris, et émit, coup sur coup, les opinions les plus discordantes et les plus absurdes.

Elle niait l'existence de la maladie, — puis sa disparition.

Mais cette même maladie avait été constatée, quatorze mois auparavant, non-seulement par les amis du Tartare, mais encore par les médecins eux-mêmes dont on n'oubliait point l'arrêt de mort sans appel.

Or, aujourd'hui, le prince était là, et il était parfaitement et radicalement guéri.

Les médecins, après avoir échangé force arguments et raisonnements en français médiocre et en latin douteux, finirent par où ils auraient dû commencer.

Ils convinrent qu'un traitement secret et dont ils ne soupçonnaient même point la nature, avait déterminé un miracle.

C'était vrai.

Le prince avait été guéri par une suite de médicaments et de régimes, dont l'énergie toute-puissante avait triomphé de la violence d'un mal qui semblait sans remèdes.

Mais quels étaient ces médicaments et ces régimes?

Quel était ce traitement capable de rendre plus que vie, puisqu'il rendait la jeunesse, la force et la beauté?

Cent amis intimes et plus de trois cents jolies femmes de la cour et de la ville le demandèrent simultanément.

Plus d'une jolie fille se retournait à la dérobée. (Page 39.)

On ne pouvait, en échange de son secret, offrir l'or à Trespacki qu'on savait plus riche qu'un roi.

Ces dames comprenant cela à merveille, s'offrirent elles-mêmes.

Elles pensaient, en livrant leurs charmes au Tartare, ne point acheter trop cher cette panacée miraculeuse qui les devait sauver des désastres de l'âge ou de la maladie.

Le galant Trespacki recevait fort bien ces visiteuses et les renvoyait satisfaites sous tous les rapports, excepté sous celui de la curiosité.

Au bout d'un an de séjour, le Tartare quitta Paris et la France sans avoir donné à personne la clé de l'inexplicable mystère.

Mais, une fois de retour dans ses États, il écrivit à une de ses plus illustres solliciteuses et lui livra son secret.

Une indiscrétion rendit la lettre publique, — le secret infâme fut connu.

Trespacki indiquait, comme base du traitement à suivre pour détruire l'âcreté du venin circulant dans les veines, non-seulement des bains de sang humain, mais encore la *transfusion* d'un sang pur, jeune et vigoureux.

On saignait à blanc le malade, et, au moment où la vie allait se retirer de lui, on versait dans ses veines épuisées la liqueur contenue dans celles des jeunes corps dont on faisait ainsi des cadavres.

On devine quels déchaînements d'indignation suscita la connaissance de cette lettre.

Si le Tartare était revenu à Paris, nul doute qu'une populace en furie ne l'eût mis en pièces et n'eût fait dévorer aux chiens, dans les carrefours, les lambeaux de ses membres palpitants.

Mais le Tartare resta dans sa Tartarie, et il fit bien.

§

On comprend sans peine, après ce que nous venons de raconter, qu'au moment où commençaient à se succéder d'étranges disparitions de jeunes gens, l'idée des bains de sang fut la première qui se présenta aux esprits épouvantés.

Chacun se prit à trembler, et l'idée fixe de la *Bande-Rouge* s'installa comme une sinistre vision dans les cerveaux ébranlés et dans les imaginations assombries.

VII

VOX DEI

Nous venons de mettre sous les yeux de nos lecteurs, dans le cours du précédent chapitre, tout ce que, — à tort ou à raison, — il nous paraissait indispensable de leur faire connaître.

Reprenons sans plus tarder notre récit, que rien désormais ne viendra ralentir ou entraver, et rejoignons M. de La Reynie que nous avons laissé en tête-à-tête avec André.

— Asseyez-vous en face de moi, et écoutez... — avait dit le lieutenant de police à l'agent secret.

Puis il avait raconté en peu de mots à ce dernier toutes les circonstances de sa visite à Versailles, en voilant cependant d'une demi-teinte ce qu'il y avait eu de trop rude et de blessant pour lui dans la réception du roi.

— André Lecoq, — dit-il en terminant son récit, — vous êtes non-seulement le plus habile, mais encore le plus honnête et le plus dévoué de mes agents... — c'est en vous que je mets toute ma confiance et tout mon espoir... — vous seul vous pouvez porter la lumière dans cet obscur et funèbre labyrinthe dont le crime trace les méandres... — Vous me demandez votre liberté, André Lecoq, vous l'avez bien gagnée. — Ce n'est donc point une faveur que je crois vous faire en vous la donnant, — c'est une chose qui vous est due et que je vous rends... — Mais, ainsi que je vous le disais tout à l'heure, le soldat qui déserte son poste au moment du combat est un lâche, et j'estime trop votre caractère pour admettre que vous soyez capable de cette lâcheté... — J'ai besoin, une fois encore, de vos services, de votre expérience, de votre courage... — André Lecoq, puis-je compter sur vous ?...

L'agent secret répondit d'une voix sourde d'abord et qu'une excessive émotion rendait tremblante, mais qui s'anima peu à peu :

— En toute autre circonstance, peut-être, monseigneur, vous dirais-je que je suis père ; — que de même que mon fils est tout pour moi, je suis tout pour lui ; — que ma vie est précieuse parce qu'elle lui doit être consacrée jusqu'au dernier jour, — et vous supplierais-je de ne me plus exposer à l'un de ces dangers inconnus dont je suis sorti si souvent sain et sauf, mais où, cette fois, je puis rester...

« Je vous dirais cela, monseigneur, et vous seriez touché, — et vous me répondriez : Soyez libre à l'instant...

« Mais, aujourd'hui, le crime lâche et honteux dont il s'agit est un de ceux qui font bondir d'indignation mon cœur de père...

« On attaque les familles dans ce qu'elles ont au monde de plus cher et de plus sacré, — on les attaque dans leurs enfants.

« J'ai un fils, monseigneur.

« Hier, les fils de dix familles disparaissaient, — demain peut-être, mon fils disparaîtra-t-il à son tour.

« Certes, je pourrais veiller exclusivement sur mon enfant, et je vous réponds bien qu'on ne le viendrait point arracher de mes bras, — mais ce serait un acte d'un égoïsme infâme de sacrifier ainsi l'intérêt général à mon intérêt privé.

« J'accepte la liberté que vous m'avez rendue, monseigneur, — je l'accepte, et c'est à deux genoux que je devrais vous remercier, — mais je ne reprendrai possession de cette liberté bénie que le jour où Paris, délivré, et délivré par moi, des monstres qui l'obsèdent, s'endormira tranquille...

« Et ce sera bientôt, — j'en ai la confiance ferme et inébranlable.

« Maintenant, monseigneur, pour répondre aux dernières paroles que vous m'avez fait l'honneur de m'adresser, je vous dis : — Disposez de moi et comptez sur moi, car je suis à vous corps et âme...

— André Lecoq, — répliqua vivement M. de La Reynie, — vous êtes un brave homme, et j'étais sûr de votre réponse.

— Je ne fais que mon devoir, monseigneur.

— Peut-être, mais vous le faites noblement.

— Les éloges immérités de monseigneur m'encouragent à lui adresser une prière.

— Parlez, et, quelle que soit votre prière, elle est exaucée d'avance.

— Merci, monseigneur ! oh ! merci...

— J'attends que vous vous expliquiez.

— Je demande à monseigneur, s'il m'arrivait malheur dans la difficile entreprise que nous allons tenter, de se souvenir que j'ai un fils, et d'étendre sur le pauvre enfant sa puissante protection.

— Elle ne lui fera pas défaut. — Est-ce tout ?

— Non, monseigneur... — je désire que mon fils ignore toujours qu'il y a là dans le passé de son père une tache ineffaçable, et ne sache jamais de quelle façon son père a dû racheter sa faute...

— Ce double secret sera inviolablement gardé...

— Monseigneur daigne me le promettre ?

— Je fais mieux que vous le promettre, André Lecoq, je vous le jure...

— Merci de nouveau, monseigneur... — Maintenant, me voici tranquille, et je suis prêt à l'œuvre...

— Quand vous mettrez-vous à l'œuvre ?

— Dès demain, — le temps presse, — chaque minute perdue peut amener un nouveau crime..

— Que vous faut-il ?

— Des hommes et de l'argent, comme de coutume...

— Vous aurez l'un et l'autre, — toutes les brigades vont recevoir l'ordre de vous obéir passivement... Quant à l'argent, la caisse paiera à présentation tous les mandats que vous tirerez sur elle... — C'est un crédit illimité que je vous ouvre...

André Lecoq s'inclina, mais d'ailleurs il trouvait la confiance que M. de La Reynie lui témoignait, si naturelle et si méritée, qu'il n'eut pas même l'idée de lui adresser un remerciment.

Le lieutenant de police poursuivit :

— Avez-vous un plan ?

— Pas encore, monseigneur...

— Cependant, pour agir demain ?...

— Oh ! j'y vais penser cette nuit, — les ténèbres portent conseil, et bien des heures s'écouleront encore jusqu'au jour

— Quel mobile attribuez-vous à ces crimes réitérés ? — croyez-vous aux bains de sang ?

— En aucune façon, monseigneur...

— Et pourquoi ?

— Parce qu'en ce cas les assassins frapperaient indistinctement dans toutes les classes, — et, voyez, monseigneur, jusqu'à présent des jeunes gens riches ont seuls disparu... — On tue pour dépouiller les cadavres, n'en doutez pas, monseigneur...

— Mais comment peut-on s'y prendre pour attirer dans le piège ces malheureux qu'on égorge ensuite ?

— Je ne le sais pas, mais je devine, soyez certain qu'une femme sert d'amorce à la sanglante souricière...

. . . .

L'entretien des deux hommes se continua quelques minutes encore, puis André Lecoq prit congé du lieutenant de police et regagna la rue Saint-Louis-en-l'Ile, escorté à distance par une demi-douzaine d'agents qui ne le perdaient point de vue, afin de le préserver de tout accident.

Il était deux heures du matin au moment où André rentra dans sa maison dont il verrouilla sans bruit la porte derrière lui.

Personne ne se doutait qu'il venait de sortir.

Il pénétra dans sa chambre, — la petite lampe de cuivre brûlait toujours sur le bureau de chêne, mais sa mèche à demi charbonnée ne répandait qu'une lueur faible et incertaine.

André se jeta à genoux devant le crucifix d'ivoire et d'ébène, et il murmura :

— Seigneur, mon Dieu ! Dieu bon, Dieu tout-puissant, la cause pour laquelle je vais combattre est sacrée, puisque c'est celle de tous les pères à qui l'on enlève plus que la vie en leur assassinant leurs enfants ?...

« Souvenez-vous, Seigneur, mon Dieu ! de ce que vous avez souffert, pendant que votre divin fils agonisait sur le Calvaire et expirait sur la croix, — et pourtant vous êtes tout-puissant, mon Dieu ! et il ne dépendait que de vous d'éloigner de lui ce calice !...

« Si vous l'avez laissé agoniser et mourir, c'est que vous vouliez comprendre quelle douleur immense pouvait renfermer un cœur de père, et, maintenant que vous la connaissez, vous prenez en pitié ceux qui l'éprouvent, car vous savez que ce qu'un Dieu a pu supporter, un homme ne le subit pas sans mourir...

« Venez donc à mon aide, seigneur mon Dieu... — guidez-moi ! — inspirez-moi, éclairez-moi ! donnez-moi la sagesse et la prudence pour concevoir, — l'adresse et la force pour exécuter... — envoyez-moi un de vos anges et que, se penchant à mon oreille, il me dise tout bas ce que je dois faire...

Après avoir ainsi prié, André Lecoq se leva et promena son regard dans la chambre tout autour de lui.

Emporté par sa foi ardente, il croyait fermement qu'il allait voir un ange descendre du ciel, et s'approcher de lui et lui parler de la part de Dieu.

L'ange ne parut pas.

Mais, près de s'éteindre, la mèche carbonisée de la petite lampe brilla soudain d'une vive lueur, et cette clarté passagère attira invinciblement l'attention d'André sur un vieux volume in-quarto, à la reliure noire et aux lourds fermoirs de cuivre argenté.

Ce volume était une Bible...

L'unique et dernier débris qui restât à André de la fortune de sa mère.

— Merci, mon Dieu! — s'écria-t-il, aussitôt que ses yeux eurent rencontré le livre saint, — vous m'avez entendu! vous m'envoyez une inspiration! — vous allez me parler vous-même par la bouche de vos prophètes! — c'est votre parole que je vais entendre...

André, après avoir versé de l'huile dans la lampe et ravivé la mèche, prit la Bible et déposa sur sa reliure ternie un baiser respectueux.

Puis, il souleva les fermoirs de cuivre, et, replaçant le livre sur la table, il l'ouvrit au hasard.

Il était convaincu que les premiers versets qui frapperaient sa vue renfermeraient la réponse de Dieu à la prière qu'il venait de lui adresser.

Et voici quels furent les versets qui s'offrirent à lui, à l'angle gauche de la page jaunie du volume sacré :

2. *Dieu dit à Abraham :* — *Prenez Isaac, votre fils unique qui vous est si cher, et allez en la terre de la Visurie, et là vous me l'offrirez en holocauste, et sur une montagne que je vous montrerai.*

3. *Abraham se leva donc avant le jour, prépara son âne, et prit avec lui deux jeunes serviteurs et Isaac son fils, et ayant coupé le bois qui devait servir à l'holocauste, il s'en alla au lieu où Dieu lui avait commandé d'aller.*

André avait soulevé la Bible, afin de lire plus facilement les paroles saintes.

Quand il eut achevé les terribles versets, le livre s'échappa de ses mains et retomba sur la table avec un bruit sourd pareil à un gémissement.

— Non! — s'écria alors André, très-haut et comme si véritablement il avait eu Dieu lui-même pour interlocuteur, — non, Seigneur! vous ne me demanderez pas un pareil sacrifice!... — vous ne pouvez pas me le demander!... — vous savez trop bien qu'il serait au-dessus de mes forces!...

« Que je risque la vie de mon fils unique!... de mon Eusèbe!... jamais!... jamais!... périssent plutôt cent fois tous les enfants de la terre, pourvu que le mien soit sauvé!...

Après avoir laissé échapper de son sein ce cri paternel, André se laissa tomber sur une escabelle, cacha son visage entre ses mains, et de grosses larmes coulèrent entre ses doigts crispés.

— Oh! — murmura-t-il lentement, — pourquoi ai-je voulu que la lumière d'en haut descendît et vînt m'éclairer?... — pourquoi ai-je interrogé le saint livre?...

« Voici que la lumière est venue, — et je ferme les yeux, et je détourne la tête pour ne point la voir...

« Voici que le livre a répondu, — et je refuse d'écouter la réponse qu'il me fait! — et je refuse d'obéir à l'ordre qu'il me donne!...

« Malheureux et coupable que je suis!... — Voici que je me range au nombre de ces hommes de qui Dieu a dit : — *Ils ont des yeux pour ne point voir, et des oreilles pour ne point entendre!*

« Hélas! Seigneur, je vois et j'entends, et ce n'est point par ignorance que je pèche, car votre volonté se manifeste clairement à moi... mais le courage me manque, Seigneur, le courage et la force.

« Je ne peux pas... je ne peux pas!...

André se tut.

Pendant quelques minutes, on n'entend que le bruit de sa respiration rauque et pénible et celui de ses sanglots étouffés.

Puis, tout à coup, et comme cédant à une impulsion nouvelle et irrésistible, il quitta son siège, se rapprocha de la table, reprit la Bible, et voulut lire pour sa seconde fois la volonté de Dieu si manifestement exprimée.

Mais, au lieu de tomber sur les premiers versets, ses yeux rencontrèrent ceux-ci :

9. *Et ils vinrent au lieu que Dieu avait montré à Abraham,* — *il y dressa un autel, disposa dessus le bois pour l'holocauste, lia ensuite son fils Isaac et le mit sur le bois qu'il avait arrangé sur l'autel.*

10. *En même temps il étendit la main et prit le couteau pour immoler son fils..*

11. *Mais dans cet instant, l'ange du Seigneur lui cria du haut du ciel :* — *Abraham! Abraham!* — *Il lui répondit :* — *Me voici.*

12. *L'ange ajouta :* — *Ne mettez point la main sur l'enfant, et ne lui faites aucun mal.* — *Je connais maintenant que vous craignez Dieu, puisque pour lui obéir vous n'avez point épargné votre fils unique.*

13. *Et le Seigneur dit :* — *Je jure par moi-même que, puisque vous avez fait cette action, et que pour m'obéir vous n'avez point épargné le fruit de votre sang...*

14. *Je vous bénirai, et je bénirai votre race, et je la multiplierai comme les étoiles du ciel et comme le sable qui est sur le rivage de la mer.*

. . . .

André Lecoq se laissa tomber à genoux, l'âme inondée de reconnaissance, — les mains jointes, — les yeux et le cœur élevés vers le ciel.

— Merci, — mon Dieu, — murmura-t-il, — car vous prenez en pitié la faiblesse de ma nature, et votre parole, après m'avoir blessé, ferme et cicatrise ma blessure.

« Vous avez commandé le sacrifice d'Abraham, mais vous n'avez point laissé ce sacrifice s'accomplir.

« Comme le patriarche, je vous obéirai, Seigneur, — et vous sauverez mon fils unique, — comme vous avez sauvé celui du patriarche.

Après cette fervente action de grâces, André, rempli désormais de confiance et d'espoir, se jeta sur son lit et ne tarda point à goûter un repos que les terribles émotions de cette journée lui rendaient bien nécessaire.

VIII

UN COSTUME DE GENTILHOMME.

Au point du jour, André Lecoq se jeta en bas du lit sur lequel il s'était étendu sans se déshabiller.

Il répara en un tour de main l'excessif désordre de sa toilette, et, après avoir mis dans ses poches une certaine quantité de pièces d'or, il sortit de sa maison.

Son absence dura près de trois heures.

Lorsqu'il rentra, il commença par placer sur le bureau de sa chambre divers objets peu volumineux qu'il portait sous son bras, soigneusement empaquetés.

Ensuite il appela Maguelone la Picarde et s'informa auprès d'elle de l'endroit où il trouverait Eusèbe.

La vieille servante répondit que le jeune homme était au jardin.

André, en effet, n'avait pas encore franchi le seuil de la porte qui donnait dans ce jardin, que déjà il apercevait son fils, assis sous la tonnelle de verdure, — pâle, — les yeux entourés d'un cercle de bistre, — le corps affaissé et exprimant dans toute son attitude la mélancolie, la langueur et l'abattement.

Eusèbe, en effet, était souffrant.

Il avait peu dormi cette nuit-là.

Les paroles prononcées la veille par son père avaient surexcité violemment ses désirs et ses espérances.

Pendant quelques heures, un délicieux mirage de plaisir et de liberté l'avait enivré — puis la réaction était venue; — la sombre attitude d'André Lecoq au souper avait brusquement mis la triste réalité à la place des rêves enchanteurs du jeune homme.

Le contre-coup de cette déception amère s'était fait sentir sur son organisation nerveuse, sinon faible, du moins affaiblie; — une fiévreuse insomnie en avait été la suite.

Et il se disait tristement qu'il ne lui restait qu'à pleurer sa jeunesse inutile, comme la fille de Jephté avait pleuré sa virginité sur la montagne.

En ce moment un bruit de pas lui fit lever la tête. Son père s'approchait de lui.

Eusèbe fit quelques pas à sa rencontre, l'embrassa, et lui dit avec une gaîté menteuse :

— Quelle splendide matinée! mon père... — je me sens tout joyeux de voir ce ciel si pur et ce beau soleil aux rayons si brillants et si doux! — quoi que vous en disiez, notre soleil parisien vaut bien quelquefois votre soleil de Provence que vous vantez tant, mon père...

André Lecoq ne répondit rien à ces paroles pressées et vides.

Il ramena son fils sous la tonnelle, — le fit se rasseoir, s'assit lui-même à côté de lui, et, prenant sa main entre les siennes, lui demanda avec une légèreté et une insouciance apparentes et parfaitement jouées :

— Eh bien! cher enfant, penses-tu toujours à notre conversation d'hier?

— De quelle conversation parlez-vous, mon père?

— De celle du dîner, — de celle dans laquelle je te parlais de liberté, d'espace, de voyages... — Comment, tu ne t'en souviens pas?

— Oh! si, — parfaitement.

— Et que penses-tu de tout ce que je te disais?

— Mais, je pense... je pense... que vous avez voulu plaisanter...

— Rien n'est plus sérieux, je t'assure...

— Bien vrai?

— Oui, bien vrai.

Eusèbe tressaillit, et une rougeur vive vint remplacer subitement la pâleur mate de ses joues.

— Mais alors, — murmura-t-il, — je puis donc espérer...

Il s'interrompit.

André acheva la phrase commencée par son fils.

— Que tout ce que je t'ai promis se réalisera? — c'est là ce que tu veux dire, n'est-ce pas?

— Oui, mon père.

— Eh bien! tu le peux...

— Et sera-ce aujourd'hui ou demain... ainsi que vous me l'aviez laissé entrevoir?

André sourit.

— Non, — répondit-il, — ce sera un peu plus long, — une circonstance inattendue me force à ajourner notre départ...

La pâleur revint au visage d'Eusèbe.

La perspective d'un retard illimité tuait toute la joie du pauvre garçon.

André se hâta d'ajouter :

— Mais, sois tranquille, mon cher enfant, tu ne perdras rien pour attendre... peut-être même trouveras-tu que tu gagnes au change...

Le regard d'Eusèbe étincela de curiosité.

André poursuivit.

— J'ai beaucoup réfléchi, depuis hier...— et à ton sujet...

— Ah!... fit Eusèbe.

— Sais-tu bien que tu viens d'avoir dix-huit ans?

— Oui, certes, je le sais...

— A dix-huit ans, on n'est plus un enfant.

— Oh! non!... — s'écria Eusèbe avec conviction.

— On n'est pas encore, non plus, un homme fait, — on est un jeune homme, — or, jusqu'ici, tu as vécu en enfant, — le moment est venu de vivre en jeune homme.

— Que voulez-vous dire, mon père? — demanda Eusèbe, haletant d'émotion, et craignant de mal comprendre ou de trop favorablement interpréter les paroles qu'il entendait.

— Je veux dire, — poursuivit André, — qu'à partir d'aujourd'hui, tu seras absolument libre, et tout aussi maître de tes actions que je le suis des miennes... — j'abdique mon autorité de père, — je ne veux plus conserver sur toi que le droit de conseil... — je veux que tu ne me considères, désormais, que comme un ami plus âgé, — le meilleur de tes amis...

Eusèbe entendait à merveille, mais il ne pouvait en croire ses oreilles.

Il restait muet, — étourdi, — abasourdi.

— Ah! çà, mais, — s'écria André, — on croirait que ce que je t'apprends là ne te fait point plaisir!... pourquoi ne me réponds-tu pas?...

— Que voulez-vous, mon père... la surprise... je m'attendais si peu!... — Comment, à l'avenir, je serai mon maître?...

— Ton maître absolu.

— Je ne passerai plus mes journées presqu'entières à la maison?...

— Tu ne resteras à la maison que quand cela te fera plaisir.

— Je sortirai seul?

— Du matin au soir si tu veux.

— J'irai où bon me semblera?

— Qui t'en empêcherait?

— Dans les promenades? — dans les jardins publics? — à la foire Saint-Laurent? — au spectacle de l'hôtel de Bourgogne? — à la Comédie Italienne, — je verrais les tragédies de M. Racine et les comédies de M. Poquelin de Molière, qui a, dit-on, un si grand mérite, et qui est le fils du tapissier de Sa Majesté?

— Tu iras où tu voudras; — tu verras tout ce qu'il te conviendra de voir...

— Et vous me donnez votre parole d'honneur que tout ce que vous me dites là est sérieux, mon père?

— Je t'en donne ma parole d'honneur.

Eusèbe se jeta dans les bras d'André qu'il embrassa à deux ou trois reprises avec une effusion qui tenait du délire.

— Ah! — s'écria-t-il enfin, — vous me rendez bien heureux, mon père, oh! oui, bien heureux! — Je vais renaître et revivre; car, je peux bien vous l'avouer, maintenant, je me sentais mourir de tristesse et d'ennui, dans cette maison sombre, dans cet étroit jardin...

Et il embrassa de nouveau son père.

Ce dernier essuya à la dérobé une larme furtive.

— Hélas! hélas! — se dit-il à lui-même, — pauvre âme humaine, ignorante et imprévoyante! on se figure qu'on assure le bonheur de son enfant... on le fait mourir de chagrin!

Puis, tout haut, il reprit :

— Ce n'est pas tout...

— Qu'y a-t-il encore, mon père?

— Je ne suis pas précisément riche; mais enfin mon aisance est grande; pour peu que tes désirs soient raisonnables, — et ils le seront, je n'en puis douter, — ma fortune me permet de ne te rien refuser. — Je veux que désormais ta bourse soit convenablement garnie, et, quand tu l'auras vidée, tu t'adresseras à moi pour la remplir de nouveau...

— Ah! mon père!... — balbutia Eusèbe.

André poursuivit :

— Tu es grand et bien bâti, — ta figure est avenante, — ta tournure est aisée; — bref, les jolies femmes te prouveront bientôt de toutes les façons que tu es un joli garçon...

Ici Eusèbe devint pourpre, de telle façon que le coloris de ses joues aurait pu lutter sans désavantage avec celui d'une grenade en fleur.

— Je veux, — continua André, — que les bijoux les plus élégants, — les vêtements les plus riches et les mieux taillés rehaussent ta bonne mine naturelle. —

Songe combien mon amour-propre paternel sera délicieusement chatouillé quand je saurai que chacun s'arrête dans la rue, et que les passants se disent l'un à l'autre : — *Voyez donc ce jeune gentilhomme!* — *à en juger par sa mine et par sa parure, ce doit être quelque fils de prince...* — Oui, mon enfant, on dira cela, et, dans son coin, le bonhomme André Lecoq se frottera les mains joyeusement, et se répétera à lui-même : — *Ce fils de prince, c'est mon fils, à moi! c'est mon Eusèbe! et les princes me l'envieraient!* — Crois-tu que je serai le plus mal partagé de nous deux? — crois-tu que mes jouissances ne seront pas aussi vives que les tiennes?...

Eusèbe ne répondit pas.

Son cœur débordait; — il se trouvait tellement heureux, et ce bonheur lui arrivait à l'improviste, d'une façon tellement inattendue, tellement foudroyante en quelque sorte, qu'il avait toutes les peines du monde à se persuader qu'il n'était point le jouet d'un rêve, et que, d'une minute à l'autre, il n'allait pas se réveiller.

En ce moment Maguelonne la Picarde vint retrouver son maître au fond du jardin.

— Notre monsieur, — dit-elle, — il y a dans la maison deux hommes qui demandent après vous.

— Quels sont ces hommes?

— Dame! je ne sais pas; ils portent de gros paquets, et ils disent comme ça que c'est vous qui leur avez dit de venir à cette heure-ci.

— C'est bien, — répliqua André Lecoq, — j'y vais.

Puis, se tournant vers Eusèbe, il ajouta :

— Viens, mon enfant.

— Vous avez besoin de moi, mon père?

— Indispensablement besoin, répondit André en riant.

— Et pourquoi faire?

— Tu vas le voir.

En échangeant ces paroles, le père et le fils s'étaient dirigés vers la maison.

Les arrivants attendaient dans le couloir du rez-de-chaussée, munis, ainsi que l'avait remarqué la Picarde, de fort gros paquets enveloppés de serge brune.

— Vous êtes exacts, messieurs, — leur dit André en les saluant de la main, — c'est bien.

Et il les fit entrer dans sa chambre où il entra après eux avec Eusèbe.

— Défaites vos paquets, — poursuivit l'agent secret, — et montrez-nous sans plus de retard les belles choses que vous apportez.

Les nouveaux venus, — qui n'étaient autres que les principaux commis d'un tailleur en renom, — obéirent à l'instant même, et ils étalèrent sur le lit une multitude de vêtements où l'élégance de la coupe et la richesse des ornements rivalisaient avec la valeur de l'étoffe employée.

Ce n'était que satin, — velours, — broderies, — dentelles, — galons d'or et flots de rubans.

— Pour qui donc toutes ces merveilles? — demanda timidement et à voix basse Eusèbe à son père.

— Pour qui serait-ce, si ce n'était pour toi? — répliqua André.

— Pour moi?

— Eh! oui, sans doute... — c'est ta nouvelle garde-robe, et tu vas, sans désemparer, essayer ces ajustements pièce à pièce, afin que, si quelques retouches semblent nécessaires à ces messieurs, elles puissent se faire sur-le-champ.

— Allons, — se dit Eusèbe à lui-même, — mon rêve continue et prend des proportions inouïes!... — Je souhaite qu'il se prolonge encore, car il est bien amusant, et je me réveillerai toujours assez tôt...

Et, sans faire la moindre observation, le jeune homme se mit en devoir de se déshabiller.

Tandis qu'il ôtait son pourpoint d'étoffe commune et ses hauts-de-chausses de futaine, André Lecoq déficelait un des petits paquets qu'il avait apportés, et il en tirait une demi-douzaine de chemises de la plus fine toile de Hollande, et autant de paires de bas de soie.

— Il faut changer de pied en cap, — dit-il à son fils, en lui présentant une de ces chemises et des bas de soie.

Eusèbe ne demandait pas mieux.

Après avoir achevé de se dévêtir, il commença à se rhabiller.

En dix minutes, sa toilette fut complète, — bas de soie bien tirés, dessinant une jambe un peu grêle encore, mais d'une parfaite distinction; — souliers à talons rouges, ornés sur le coude-pied d'une bouffette de rubans couleur de feu; — hauts-de-chausses de velours violet, relevés de rubans cramoisis, etc., etc.; et tout le reste à l'avenant.

Un chapeau du bon faiseur, garni de plumes à un louis le brin, fut posé sur une petite perruque de forme leste et cavalière, et de laquelle s'exhalaient les pénétrantes senteurs du parfum le plus à la mode.

Le col et les dentelles du pourpoint étaient en dentelles de Venise et d'Alençon.

Pour parfaire ce somptueux habillement, André Lecoq ouvrit le second de ses petits paquets et tira d'un écrin deux chaînes d'or d'une grande valeur, dont il harnacha son fils, — des bagues de diamants, qu'il passa à ses doigts, — des boutons de rubis, etc., etc...

Il lui mit à la main un jonc d'une merveilleuse beauté et dont une seule topaze formait la pomme.

Puis il demanda aux fournisseurs si quelque chose leur paraissait à reprendre, dans l'ensemble ou dans les détails.

Ils s'écrièrent d'un commun accord que tout était admirable, — irréprochable, — complet. — Ils furent payés et se retirèrent, après avoir juré sur leur part de paradis qu'ils n'avaient jamais vu un plus charmant cavalier, et qu'on pourrait, d'un pôle à l'autre, parcourir et explorer la terre, sans trouver un gentilhomme qui méritât d'être comparé à Eusèbe.

Sous l'artillerie de ces louanges à brûle-pourpoint, le pauvre garçon sentait ses joues rougir et devenir brûlantes comme celles d'une vierge timide à qui l'on parle pour la première fois d'amour.

— Mon enfant, — dit André à son fils, quand il se retrouva seul avec lui, — il me reste à te donner deux choses...

— Encore!... — s'écria Eusèbe, — mais, mon père, vous voulez donc m'accabler?

— Je veux simplement que rien ne te manque, — répondit André, — et, avec l'aide de Dieu, j'espère bien y réussir... — quant aux choses dont je parle, et qui te sont indispensables, les voici.

En parlant ainsi, l'agent secret ouvrait l'un des tiroirs de son bureau, et il en tirait deux objets qu'il posa à côté de la Bible.

C'était d'abord une très-jolie bourse de soie rouge, — à travers les mailles de laquelle on voyait reluire un bon nombre de pièces d'or, comme on voit frétiller les poissons dans le filet d'un pêcheur.

C'était ensuite une paire de pistolets de poche, en ivoire et en argent, si petits, si délicats, si *mignons*, qu'ils semblaient destinés à figurer comme objet de curiosité dans la verrine d'une jolie femme.

— Cette bourse, — dit André Lecoq, — contient soixante louis. — C'est peu, je le sais, mais n'oublie pas que je ne te recommande qu'une seule chose, c'est de ne point épargner cet argent, — bourse vide, bourse remplie, — que l'or fonde entre tes mains, — voici assez longtemps que j'amasse pour que tu puisses aujourd'hui dépenser à ta guise...

Eusèbe saisit la main de son père, et l'appuya contre ses lèvres avec une profonde et respectueuse tendresse.

André reprit :

— Quant à ces charmants petits pistolets que voici, tout chargés, tout amorcés, tu vas me faire une promesse...

— Laquelle, mon père?

— C'est de ne jamais faire un pas hors de cette maison sans les avoir dans tes poches...

— Oh! bien volontiers...

— Et, — poursuivit André, — si tu courais, — ou si seulement du croyais courir un danger quelconque, — jure-moi de te servir de ces armes et de faire feu à la première alarme, quand bien même tu devrais tirer en l'air...

— Je vous le jure de tout mon cœur, — mais, dites-moi, mon père, prévoyez-vous un danger quelconque?...

— Non, certes! — si je parle ainsi, c'est par mesure de pure prévoyance, et pour satisfaire je ne sais quelle superstition de mon cœur... — D'ailleurs, un jeune homme aussi beau que toi est toujours exposé... — l'amour l'entraîne en des périls sans nombre, et les frères et les maris sont bien souvent des gens de difficile composition...

Eusèbe devint écarlate, ce qui ne manquait jamais de lui arriver, — ainsi que nos lecteurs en ont pu facilement faire la remarque, — toutes les fois que le mot *amour* était prononcé devant lui.

Pour se donner une contenance, il examina d'un air curieux les canons damasquinés et ciselés des petits pistolets, et il finit par les faire disparaître dans les poches de son haut-de-chausses.

Cependant le temps avait passé.

Midi sonnait.

La vieille Maguelonne se présenta sur le seuil de la chambre, afin de prévenir son maître que le dîner était servi.

A l'aspect d'Eusèbe éclatant de parure, et qu'elle ne reconnut pas sous ce costume inusité et luxueux, elle fit une grande révérence, et tourna sur ses talons pour se retirer sans avoir rien dit.

— Eh bien! Maguelonne, — lui demanda André, — n'avais-tu donc pas quelque chose à faire ou à dire en venant ici?...

— La vérité est, notre monsieur, que je venais vous avertir que le dîner est sur la table...

— Alors pourquoi t'en aller, comme tu fais, la bouche close?

— C'est que, notre monsieur, je ne savais point que ce gentilhomme fût là, et je ne voudrais point vous déranger mal à propos.

— Comment le trouves-tu, ce gentilhomme, Maguelonne?

La Picarde fit une belle révérence.

— Fort superbe, apparemment, — répliqua-t-elle en baissant les yeux.

— Regarde-le mieux, et de plus près...

— Notre monsieur, je n'oserai jamais!...

— Je te dis de le regarder...

— C'est donc bien pour vous obéir...

Et Maguelonne, — après une troisième révérence, plus profonde que les deux premières, — se décida à lever les yeux sur Eusèbe, qui avait toutes les peines du monde à contenir une violente envie de rire.

IX

JEUNE SEIGNEUR.

La vieille servante, — avons-nous dit, — se décida à regarder le jeune homme qui se tenait debout devant elle et qui, nous le répétons, ne gardait que difficilement son sérieux.

Ce fut alors une chose véritablement curieuse et comique, que de voir l'expression de stupeur profonde qui se peignit sur le visage ridé de Maguelonne.

Ses yeux s'écarquillaient dans leurs orbites agrandies, et ses prunelles fixes semblaient se dilater d'étonnement.

Sa bouche entr'ouverte ne se refermait plus, et ses deux bras tombaient de chaque côté de ses fortes hanches.

A coup sûr, l'honnête Picarde refusait positivement d'ajouter foi au témoignage de ses sens et s'obstinait à se croire la dupe de quelque bizarre ressemblance.

Un double éclat de rire du père et du fils la tira de son erreur.

— Jésus, mon Dieu! — s'écria-t-elle alors avec véhémence, — j'ai-t'y ou j'ai-t'y pas la berlue!... — Bonne sainte Vierge Marie, c'est-il bien possible que ça *soye* là mon jeune maître, plus beau et plus *cossu* et plus huppé qu'un fils de roi!...

— Oui, ma bonne Maguelonne, c'est moi, c'est parfaitement moi, — répondit Eusèbe.

— Et pourquoi donc que vous voilà mieux *requinqué* et mieux reluisant qu'un des premiers seigneurs de la cour?

— Parce que mon père l'a voulu ainsi...

— Ah! bien, par exemple! — répliqua Maguelonne en hochant la tête, — en voilà une idée qui ne me serait point venue, à moi, et dont je n'aurais guère été d'avis si l'on m'était venu consulter...

— Comment, Maguelonne, au lieu d'être fière de moi, il te déplaît de me voir si brillant?

— Ah! dame oui... et je sais bien pourquoi...

— Eh bien! si tu le sais, il faut nous le dire, à nous qui ne le savons pas...

— Je vous le dirai bien tout de même, et v'là mon idée : — à présent que vous voici mieux habillé et plus *faraud* que les fils de nobles, vous allez, pour sûr, devenir fier comme ils le sont tous, et vous ne regarderez seulement plus votre vieille Maguelonne qui vous a élevé, qui vous aime tant, mais qui n'est qu'une pauvre servante.

— Comment? comment? — s'écria Eusèbe, — tu as pu croire que mon costume un peu plus ou un peu moins riche suffirait pour changer mon cœur?... — Sais-tu que ce n'est pas bien, cela, Maguelonne, et que tu as de moi une triste opinion?

— Comme ça, mon enfant, — demanda vivement la Picarde, — vous m'aimerez toujours un peu?...

— Non, pas un peu, mais beaucoup, — autant que toujours et davantage encore.

Et, en même temps, Eusèbe embrassa Maguelonne sur les deux joues.

— Ah! par ma foi!... — dit alors la Picarde en frappant joyeusement ses deux mains l'une dans l'autre, — puisque c'est comme ça, tout va bien, et je suis joliment contente! — tournez-vous donc un peu, mon jeune maître, que je vous voie de tous les côtés... Ah! grands saints du paradis!... êtes-vous beau!... êtes-vous beau!...

André et Eusèbe ne purent s'empêcher de sourire à cet enthousiasme naïf.

Maguelonne reprit :

— Donc, j'étais venue pour vous dire que le dîner attendait... — mais attendez un moment, je *m'ensauve* dans ma cuisine et je vas ajouter un plat, — soyez paisibles, ça ne sera point long à faire...

— Ajouter un plat? — demanda André.

— Ça se doit, ça se doit, notre monsieur.

— Mais à quoi bon?

— Comment, à quoi bon? — Croyez-vous donc qu'un pareil jeune seigneur puisse se contenter du petit ordinaire de tous les jours? — Nenni!... nenni!... je cours mettre sur le feu un joli plat sucré, et je vous avertis que vous vous en lécherez les doigts.

Et Maguelonne sortit comme un ouragan.

Les Picards ont, — à ce qu'on prétend, — la tête dure, c'est-à-dire que lorsqu'une volonté quelconque s'est incrustée dans leur cerveau, elle s'y maintient avec la plus complète et la plus invincible obstination.

Sous ce rapport, Maguelonne était amplement de son pays.

Ce qu'elle voulait, elle le voulait bien, et l'expérience avait à plus d'une reprise prouvé à André Lecoq qu'il était tout à fait impuissant à triompher des lubies de la vieille servante et que, ne pouvant les empêcher, il fallait mieux les subir patiemment.

Il se résigna donc sans grand'peine à se mettre à table, un quart d'heure plus tard, et nous devons ajouter que le petit plat sucré, improvisé par la Picarde, se trouva si complètement réussi qu'il n'y eut point lieu de regretter l'emploi du temps consacré à son élaboration.

Aussitôt après le repas, Eusèbe demanda à son père :
— Maintenant, que dois-je faire?
— Mais, mon enfant, — répondit André, — absolument ce que tu voudras.
— Puis-je sortir?
— Tu oublies donc que tu es ton maître?
— Je ne puis m'accoutumer à cette idée.
— Elle ne te déplaît pas, cependant?
— Oh! en aucune façon.
— Eh bien! profite de ta liberté. — Tu ne serais pas de ton âge si tu n'avais hâte de faire admirer en public ta bonne tournure et ton beau costume.
— M'accompagnerez-vous, mon père?
— Non, mon enfant.
— Et pourquoi cela?
— Pour deux raisons. — La première, c'est que je veux te laisser le plaisir d'essayer largement tes ailes dans un vol indépendant.
— Et, la seconde?
— C'est qu'avec mon très-humble costume j'aurais l'air, auprès de toi, de l'intendant d'un jeune gentilhomme... — Ce qui, — ajouta André en souriant, — flatterait médiocrement mon amour-propre.
— Mais, mon père, — demanda Eusèbe, — rien ne vous empêche, ce me semble, d'avoir une toilette en rapport avec la mienne...
— Tu te trompes, mon cher enfant; — il existe un obstacle tout à fait insurmontable...
— Lequel?
— Ma volonté.

A cela il n'y avait rien à répondre.

D'ailleurs André connaissait bien le cœur humain en général, et celui des jeunes gens en particulier.

Dans son for intérieur, Eusèbe se trouvait contraint de s'avouer qu'il était enchanté de sortir tout seul.

Il embrassa son père, qui lui rendit une étreinte fiévreuse dans laquelle se décelaient, malgré lui, toutes les angoisses que cachait son sourire.

Il ajusta sur sa tête son beau chapeau *illustré* de plumes à un louis le brin; — il mit des gants brodés et parfumés; — il prit sa canne à pomme d'opale, et il sortit d'un air qu'il s'efforçait de rendre fier et vainqueur, — mais un peu embarrassé, dans le fond, de sa contenance et de sa liberté.

Au moment où il venait de franchir le seuil de la maison paternelle, — au moment où la porte se refermait derrière lui, — deux hommes, — promeneurs insouciants en apparence, — qui stationnaient le nez en l'air, observant l'état de l'atmosphère comme de parfaits badauds, — se mirent à marcher derrière Eusèbe de façon à ne jamais le perdre de vue, tout en observant une distance de cinquante ou soixante pas environ.

Cette manœuvre s'exécuta d'ailleurs avec une habileté si grande, qu'il était complètement impossible que le jeune homme pût s'apercevoir qu'il était suivi.

— Vous avez commandé, mon Dieu! — murmura André, resté seul, — vous avez commandé, et j'ai obéi!... — je vous offre la vie de mon fils, Seigneur, mon Dieu... mais souvenez-vous de votre ancien serviteur Abraham... n'acceptez pas mon sacrifice!...

§

Il est complètement inutile à l'intérêt de notre récit de suivre le jeune homme dans ses pérégrinations vagabondes à travers ce Paris, qui ne lui avait jamais semblé si beau que depuis qu'il en pouvait parcourir à sa guise et en toute liberté les rues, les places publiques les carrefours.

Pendant quatre jours consécutifs, il sortit dès le matin, pour ne rentrer que le soir, extrêmement fatigué et quelque peu désappointé.

Désappointé — pourquoi?
Eh! mon Dieu! disons-le franchement.

L'imagination d'Eusèbe lui avait fait une foule de promesses que la réalité ne tenait point.

Dans la naïveté de son inexpérience, — dans sa complète ignorance de la vie, — Eusèbe était persuadé qu'il suffisait d'être jeune, d'être charmant et d'être libre, pour que les galantes aventures se jetassent à votre tête.

Or, Eusèbe avait la jeunesse, — le charme, — la liberté; — il avait de plus dans sa poche, en beaux louis d'or, une somme qui lui paraissait une véritable tranche du Pérou.

L'excessive élégance, la richesse et le bon goût de ce costume que nous avons décrit, devaient d'ailleurs attirer sur lui tous les regards.

Eh bien! malgré tout cela, Eusèbe passait à peu près inaperçu.

Il entendait bien, de temps à autre, murmurer sur son passage par une voix féminine :
— Voici un jeune gentilhomme de fort grande mine, ma foi!

Plus d'une jolie fille se retournait à la dérobée, pour le revoir encore quand il avait passé.

Mais tout se bornait là.

Eusèbe, — aussitôt qu'il s'apercevait que les yeux d'une femme étaient fixés sur lui — (même lorsque ces yeux offraient une expression encourageante), — n'osait pousser sa pointe et se contentait de devenir rouge comme une cerise.

Le pauvre garçon ignorait complètement que les bonnes fortunes ne s'offrent guère qu'à ceux qui courent audacieusement après elles, — et qu'en matière de galantes entreprises, un peu d'impertinence ne nuit pas.

Peut-être mainte gracieuse grisette avait-elle, à plus d'une reprise, regardé si le charmant gentilhomme ne la suivait point, *par hasard*.

Mais comme Eusèbe n'en faisait rien, elle s'était éloignée lentement, en soupirant tout bas :
— Quel dommage!...

Quatre jours furent ainsi employés, — ou plutôt furent perdus de cette façon.

Enfin, le cinquième...

Mais n'anticipons pas sur le récit des événements qui vont marcher désormais avec la rapidité de l'étincelle électrique, et voyons un peu ce qui se passait dans Paris et à l'hôtel de M. de la Reynie, tandis qu'Eusèbe Lecoq se promenait en pure perte.

§

Les criminels, lâchement audacieux, qui faisaient planer sur la grande ville la consternation et la terreur, n'avaient point interrompu le cours de leurs sinistres exploits.

La *Bande-Rouge* se manifestait.

Depuis quatre jours, trois nouveaux attentats, mystérieux et effrayants comme les premiers, s'étaient succédé.

Trois jeunes gens, — dont un appartenait à la haute bourgeoisie, et les deux autres à la noblesse, — avaient disparu de leurs familles pour n'y plus reparaître.

Le bon peuple de Paris commençait à se mutiner, et des groupes menaçants se formaient aux alentours de l'hôtel La Reynie, arrêtant au passage le carrosse du lieutenant de police, et demandant au magistrat consterné si les égorgeurs jouiraient longtemps encore d'une paisible impunité.

M. de La Reynie ne pouvait que répondre par de vagues promesses qui ne satisfaisaient personne.

Il voyait avec désespoir son crédit compromis, — sa popularité perdue, — sa disgrâce plus imminente, plus inévitable, d'heure en heure.

Chaque jour, il faisait appeler André Lecoq pour l'interroger.

— Monsieur, — répondait l'agent secret, — j'ai fait ce que je devais, — j'ai sacrifié mon fils unique et bien-aimé... — que Dieu fasse le reste... — j'avoue humblement mon impuissance...

Le lieutenant de police sentait qu'il ne pouvait exiger davantage de ce père aussi héroïque que Brutus, et il en était réduit à dévorer ses angoisses et à brûler à petit feu.

Ce n'est pas tout.

Aux disparitions multipliées venait depuis quelques jours s'adjoindre un autre fléau, moins grave, mais terrible encore.

Une bande de faux monnayeurs de la plus redoutable habileté avait établi dans Paris son quartier général.

La ville entière regorgeait de monnaies fausses, — pièces d'or et d'argent, imitées avec une infernale habileté et semées à profusion par des mains mystérieuses.

Jamais, à aucune époque, l'émission de la fausse monnaie n'avait eu lieu sur une pareille échelle et avec une aussi rare impudence.

Tous les agents étaient sur pied.

Ils cherchaient et ne trouvaient rien.

M. de La Reynie devenait fou.

X

LA TERRASSE DU BORD DE L'EAU.

Maintenant que nous venons de jeter en arrière un coup d'œil nécessaire, revenons à ce cinquième jour, pour lequel nous avons annoncé de grands événements.

Pendant les quatre premiers jours de liberté, les hasards de ses pérégrinations aventureuses avaient promené Eusèbe sur les quais, — dans le magnifique jardin du Luxembourg, dont *Monsieur* laissait la jouissance aux Parisiens, — et, enfin, dans la salle des Pas-Perdus au palais, et dans les galeries de ce vaste édifice, — lieu de rendez-vous fort à la mode à cette époque, et célébré par le grand Corneille lui-même, dans une comédie œuvre de sa jeunesse, et intitulée la *Galerie du palais*.

Le cinquième jour, Eusèbe, en quittant la rue Saint-Louis-en-l'Ile, suivit les bords de la Seine et se dirigea vers les Tuileries.

A cette heure peu avancée de la journée, il n'y avait pas encore une grande foule dans le jardin royal.

Le jeune homme gagna la terrasse du bord de l'eau, la suivit jusqu'à son extrémité, et s'assit pour se reposer un instant, sur l'un des bancs du labyrinthe qui faisait face aux Champs-Élysées.

Nos lecteurs parisiens ne doivent absolument rien comprendre à la phrase qui précède, et se demandent sans aucun doute ce que c'est que ce labyrinthe dont nous leur parlons.

Deux lignes d'explications sont ici nécessaires.

Depuis l'époque à laquelle se passaient les faits que nous racontons, l'aspect et la décoration du jardin des Tuileries ont été modifiés d'une façon à peu près absolue.

Sur chacune des terrasses élevées à l'extrémité du jardin, du côté des Champs-Élysées, on voyait alors des labyrinthes fort compliqués ; — des ifs taillés en boules, en parasols, en colonnades, en portiques, etc. ; — des treillages revêtus de plantes grimpantes, — de petits bosquets, — des cabinets de verdure mystérieux et sombres.

C'était là que s'ébauchaient la plus grande partie des intrigues amoureuses et des aventures galantes du temps, — aventures et intrigues qui, après avoir pris naissance dans le labyrinthe, trouvaient quelquefois leurs dénoûments sous les berceaux de verdure.

Cette bizarre décoration existait encore au moment où éclata la révolution 1789.

Certains vieillards peuvent, sans être tout à fait centenaires, s'en souvenir à merveille.

Bref, c'est sur un des bancs de cette terrasse que prit place Eusèbe, quelque peu fatigué par la course assez longue qu'il venait de faire.

Les promeneurs étaient rares, — insignifiants pour la plupart, — presque tous appartenaient au sexe masculin, — et les autres, en très-petit nombre, n'offraient en leur visage et leur personne que de fort laids échantillons du *beau sexe*.

Rien n'attirait donc les regards d'Eusèbe, — rien ne captivait son attention.

Ses yeux erraient à droite et à gauche sans se fixer, — sa pensée distraite battait la campagne.

Soudain le jeune homme tressaillit et se retourna vivement.

Le joli frou-frou d'une robe de soie venait de se faire entendre derrière lui, et la brise légère lui apportait un de ces parfums faibles, mais enivrants, qui décèlent presque à coup sûr la présence d'une jolie femme.

Deux femmes passaient en effet, et si près du jeune homme que la robe de l'une d'elles effleura son coude.

Eusèbe se pencha pour essayer de voir le visage de cette dernière, mais ce fut en pure perte ; — la promeneuse portait sur la tête une mantille de dentelle noire, à la mode espagnole, et cette mantille, rabattue comme un voile, ne permettait de distinguer qu'un menton d'une forme délicieuse et la naissance d'un cou blanc et velouté.

Un seul coup d'œil, jeté par un connaisseur sur les contours délicats de ce cou et de ce menton, aurait suffi pour lui révéler que celle à qui ils appartenaient n'avait guère plus de vingt ans.

Eusèbe n'était pas connaisseur, mais le sentiment de la beauté supplée facilement à l'inexpérience.

Il se sentit la tête tournée de ce qu'il avait vu, et se jura d'en voir davantage.

La toilette de la jeune femme de qui nous parlons, était extrêmement simple, quoique d'une irréprochable élégance.

Cette toilette consistait en une robe de soie noire et en un mantelet de la même étoffe et de la même couleur.

Des gants de filet, également noirs, couvraient de petites mains, les plus charmantes du monde, dont l'une tenait une rose rouge qui, par sa vive couleur, contrastait d'une façon originale et piquante avec les nuances sombres et uniformes du costume.

La seconde des deux femmes, — nous avons dit qu'elles étaient deux, — ne pouvait être que la suivante de la première.

Quoiqu'elle marchât à peu près sur la même ligne que sa compagne, elle avait soin, cependant, de laisser entre elles une petite distance.

Entièrement vêtue de laine brune, elle tenait à la main un gros livre d'heures, relié en maroquin rouge et doré sur tranche, — elle ne portait pas de voile et son visage n'offrait de remarquable que la multiplicité des rides qui le sillonnaient.

Nous n'affirmerions point que le premier regard du jeune homme suffit pour qu'il se rendît bien compte de tous les détails dans lesquels nous venons d'entrer.

Toujours est-il que, lorsque les deux promeneuses eurent dépassé d'une vingtaine de pas le banc sur lequel il était assis, il se leva et il les suivit.

Chemin faisant, il ne pouvait se lasser d'admirer la désinvolture pleine de grâce de la jeune femme, — la finesse de sa taille qui se dessinait sans peine lorsqu'un mouvement de ses coudes serrait au-dessus de ses hanches l'étoffe souple de son mantelet, — et enfin la merveilleuse petitesse et l'étroite cambrure de son pied que dévoilaient parfois les bords à peine soulevés de sa robe.

Quand les deux femmes furent arrivées à l'une des

Des pêcheurs trouvèrent sur la plage le corps d'une jeune femme. (P. 56.)

extrémités de la terrasse, elles s'arrêtèrent pendant un instant pour jeter un coup d'œil sur les Champs-Élysées et sur les terrains, encore déserts, qui sont aujourd'hui la place de la Concorde, — puis elles revinrent sur leurs pas.

Soit illusion, soit réalité, il sembla à Eusèbe qu'au moment où il se croisait avec elles, les yeux brillants de la jolie promeneuse s'étaient fixés sur lui, à travers les dentelles de sa mantille.

Son cœur se mit à battre avec une vitesse de quatre-vingt-quinze pulsations à la minute.

A son tour il pirouetta sur ses talons, et il recommença de plus belle sa discrète et timide poursuite.

A l'autre extrémité de la terrasse, la même manœuvre qui venait d'avoir lieu se renouvela de part et d'autre d'une façon identique.

Seulement, il devint impossible au jeune homme de conserver l'ombre d'un doute.

Au moment du chassé-croisé, la jolie femme le regarda avec attention, et, en même temps, elle poussa légèrement le coude de sa vieille compagne.

Cette dernière lui répondit par un signe de tête.

Désormais la chose était manifeste, — Eusèbe avait été remarqué.

Selon son invariable habitude en semblable occurrence, le jeune homme devint cramoisi.

L'idée qu'il y avait peut-être dans ce qui se passait un commencement d'aventure, lui causa une telle émotion qu'il s'en fallut de bien peu que ses jambes lui refusassent le service.

Mais un héroïque effort de sa volonté triompha de ce malaise intempestif, et, comme les promeneuses avaient gagné sur lui beaucoup de terrain, il se remit à les suivre en hâtant le pas.

La troisième rencontre allait avoir lieu.

— Ah! — se disait Eusèbe dont le cœur battait à cette seule pensée avec une violence inouïe, — si seulement je pouvais voir sa figure !...

On eût dit que l'inconnue devinait ce vœu tacite.

Quatre ou cinq pas seulement la séparaient du jeune homme.

D'un geste rapide et gracieux, elle souleva le réseau de dentelles qui voilait ses traits.

Eusèbe, ébloui, put contempler un adorable visage un peu pâle, encadré dans d'admirables cheveux sombres, — des yeux noirs et d'un incomparable éclat, — un nez digne des chefs-d'œuvre de la statuaire antique, — des lèvres rouges et humides, autour desquelles semblait se jouer un sourire coquet.

Tout cela ne fut qu'entrevu, car le voile retomba presque aussitôt.

Mais c'en était assez pour apprendre au jeune homme fasciné que son inconnue était la femme la plus merveilleusement belle qu'il eût, non-seulement vue, mais rêvée.

De plus, il était certain maintenant que sa poursuite ne déplaisait point à cette femme, puisqu'il venait de recevoir d'elle un encouragement manifeste. — Sans fatuité aucune il fallait ainsi conclure.

Le regard et le sourire envoyés à son adresse produisirent sur Eusèbe l'effet que produit sur un buveur novice une légère gorgée d'un vin capiteux.

Il se trouva instantanément enivré, il se persuada à lui-même qu'il était capable des actes les plus audacieux, tels, par exemple, que celui d'aborder son inconnue et de lui déclarer, séance tenante, son subit et violent amour.

Une témérité si grande aurait-elle en effet remplacé instantanément la timidité sans bornes de tout à l'heure? — nous ne le savons pas, car ces dispositions nouvelles ne furent point mises à l'épreuve.

Voici pourquoi.

La jeune femme et sa compagne, au lieu de parcourir le terrain d'une extrémité à l'autre, ainsi qu'elles l'avaient fait jusqu'alors, quittèrent tout à coup la ligne droite, prirent sur la gauche, et se dirigèrent vers l'entrée du labyrinthe.

C'était là, de leur part, une démarche quelque peu hasardée, car personne n'ignorait que deux femmes seules s'exposaient, en s'engageant dans le labyrinthe, à y rencontrer des aventures un peu bien brusques. — Aussi les femmes honnêtes ne s'y risquaient pas, même en plein jour.

Eusèbe ne réfléchit point à cela, et il s'élança, rempli de cette ardeur que nous avons signalée, sur les traces de sa récente idole.

Mais voici qu'au moment où la jeune femme venait de franchir l'entrée du labyrinthe, la vieille s'arrêta, se retourna, et jeta à Eusèbe un signe rapide et expressif qui voulait dire clairement :

— Restez où vous êtes, — je vais vous rejoindre.

Le jeune homme obéit passivement, et, dans la muette immobilité du soldat sous les armes, il attendit.

La vieille femme, à son tour, disparut derrière un treillage verdoyant.

Cinq minutes s'écoulèrent.

Eusèbe, frémissant d'impatience, commençait à se persuader qu'il avait été pris pour dupe, — que l'inconnue à la mantille noire s'était arrangée de façon à se débarrasser de lui, et que, tandis qu'il faisait comme un nigaud le pied de grue sur la terrasse, la maîtresse et la suivante quittaient les Tuileries par un autre chemin en se moquant de lui.

Exaspéré, humilié, et surtout désappointé, Eusèbe allait se mettre à la poursuite des fugitives, lorsque la vieille reparut.

Elle semblait fort essoufflée et fort émue, — elle accourait aussi vite que le lui permettaient ses jambes quelque peu ankylosées, — enfin elle arriva auprès d'Eusèbe, et après avoir repris haleine, elle lui dit :

— Monsieur, deux mots, je vous prie...

— Non pas deux, madame, mais quatre, mais cent !... — répondit le jeune homme avec feu.

— Deux suffiront, — répliqua la vieille, — d'autant plus que le temps me presse et qu'il ne faut pas que ma maîtresse s'aperçoive que je suis séparée d'elle...

— Cette adorable personne est votre maîtresse ?

— Oui, monsieur, — comment la trouvez-vous ?

Eusèbe appuya la main sur son cœur.

— Comment je la trouve ?... — répéta-t-il, — ah ! madame !...

— Je vous comprends, — vous l'aimez ?

— Comme un fou !...

— Je l'ai deviné et je me suis intéressée à vous tout de suite...

— Que vous êtes bonne !...

— Ma maîtresse, elle aussi, vous a distingué...

— Vous croyez ?...

— J'en suis sûre, quoiqu'elle n'en veuille pas convenir...

— Elle n'en convient pas ?...

— Comment le pourrait-elle ? — Sa pudeur naturelle l'empêche de dévoiler si vite une flamme si prompte...

— C'est juste.

— Mais j'ai bien vu qu'elle était disposée à vous aimer...

— Oh ! bonheur !...

— Vous êtes gentilhomme ?

— Certes !...

Cette réponse fut faite sans hésiter par Eusèbe, qui n'était point fâché de se donner un certain relief.

La vieille reprit :

— Je ne sais où j'ai la tête en vous faisant cette question... — rien qu'à vous regarder on voit bien que vous êtes un jeune seigneur...

Eusèbe ébouriffa ses dentelles.

La vieille poursuivit :

— Vous êtes riche ?

— Assez pour reconnaître et récompenser les bons offices qu'on saura me rendre...

— Ah ! dans le fait, vous devez être généreux comme un roi, c'est écrit sur votre figure...

— Ma figure n'est point menteuse.

— Une question encore...

— Laquelle ?

— Vous êtes discret ?

— Comme la tombe.

— Par conséquent vous n'êtes pas homme à divulguer une bonne fortune, comme tant d'autres jeunes seigneurs, au risque de compromettre, de perdre peut-être une femme ?...

— Plutôt mourir !...

— J'en étais sûre... ah ! le joli garçon !...

— Que ferez-vous pour moi, ma chère dame ?...

— Tout ce que je pourrai...

— Sera-ce beaucoup ?

— Je l'espère.

— Sera-ce bientôt ?

— Dès ce soir...

Il sembla à Eusèbe que le ciel s'ouvrait.

La vieille reprit :

— Je me reprocherais toute ma vie de faire languir et soupirer outre mesure un aimable chérubin comme vous !... — foi d'honnête femme, j'abrégerai votre martyre, et, autant que cela dépendra de moi, vous serez bientôt heureux...

Eusèbe, ravi, transporté, enivré de joie et de reconnaissance, prit entre les siennes les mains crochues de la vieille, et les serra affectueusement, tout en y glissant une dizaine de louis qu'il venait de retirer de sa poche, et que l'adroite commère glissa prestement dans la sienne.

— Enfin, — demanda le jeune homme ensuite, — vous disiez que, dès ce soir, vous feriez quelque chose pour moi ?

— Je n'y manquerai pas, — vous connaissez l'église Saint-Germain-l'Auxerrois ?

— Sans doute.

— Trouvez-vous ce soir, à huit heures précises, devant le portail...

— J'y serai.

— Je vous y rejoindrai sans retard.

— Seule ?

— Oui.

— Ne verrai-je donc pas votre maîtresse ?

— Aujourd'hui ? il n'y faut pas penser...

— Pourquoi ?

— Parce que la chose est impossible.

— Mais, alors, que ferons-nous ?

— J'aurai parlé de vous à madame, — elle m'aura dit la vérité sur ce qu'elle éprouve pour vous et je ne vous cacherai aucun de ses sentiments...

— C'est beaucoup, certainement, mais ce n'est pas encore assez...

— Vous êtes trop exigeant, mon gentilhomme, contentez-vous de cela pour aujourd'hui, — demain nous aurons mieux...

— Puis-je l'espérer ?

— Oui, — oui, — espérez, — vous n'espérerez pas en vain, c'est moi qui vous le promets...

— Enfin, je compte sur vous.

— Et vous avez raison... — je me sauve, — ma maîtresse ne doit pas comprendre ce que je suis devenue et je vais être grondée !... au revoir, mon gentilhomme...

— A ce soir ?

— Oui, à ce soir...

— Huit heures ?

— Très-précises.

— Devant Saint-Germain-l'Auxerrois ?

— C'est convenu.

Et la vieille, feignant une hâte excessive, regagna de toute la vitesse de ses jambes l'entrée du labyrinthe, dans lequel elle disparut.

XI

RÊVES D'AMOUR.

Eusèbe demeura seul, — tout stupéfait, tout abasourdi de cette bonne fortune inattendue à laquelle il ne pouvait croire et qui cependant s'annonçait de la façon la plus positive.

Il s'assit sur le banc le plus proche et se mit à repasser dans son esprit tout ce qui venait de lui arriver; — les plus légers incidents de cette matinée mémorable, les moindres détails de son entretien avec la vieille suivante, furent examinés un à un et lentement pesés par lui.

Cet attentif examen des faits lui prouva jusqu'à l'évidence qu'il n'avait pu se tromper ou s'illusionner sur quoi que ce soit, — qu'il n'avait rien rêvé, — rien exagéré, — que tout était réel.

Ainsi donc il avait été distingué par cette femme, vivant miracle de grâce et de beauté! — il allait être admis à la voir de près, — à lui révéler cette passion, née d'un seul regard et déjà ardente, — il allait goûter avec elle les ineffables délices d'un premier amour partagé!...

Les expressions nous manquent pour bien faire comprendre ce qui se passait dans le cœur agité d'Eusèbe, en même temps que la conviction entrait dans son esprit.

Sa joie arrivait au délire...

Un orgueil surhumain s'emparait de lui, et certes, en ce moment, s'il lui eût fallu passer quelque arc de triomphe monumental, il aurait courbé la tête de peur de se heurter le front aux frises de la voûte!

La jeunesse, en ses débuts, se livre plus souvent qu'on ne le pense à ces extravagances naïves de l'amour-propre surexcité.

Que tel don Juan émérite et blasé, qui sourit en lisant ces lignes, interroge ses souvenirs...

Peut-être conviendra-t-il, — s'il veut être de bonne foi, — qu'au matin de sa première bonne fortune il n'était ni beaucoup moins bouffi, ni beaucoup moins ridicule en ses transports, que notre jeune héros.

Il était en ce moment trois heures de l'après-midi.

Que faire jusqu'à huit heures du soir?

Eusèbe se posa cette question, et il lui fut impossible de la résoudre d'une façon satisfaisante.

Chaque minute qui précède un bonheur ardemment souhaité semble avoir la durée d'un jour tout entier.

Or, de deux heures à huit heures, il y avait bien des minutes. — Ne sachant comment s'y prendre pour tuer le temps, il se mit à marcher sans suivre une direction arrêtée, et comme sa pensée était obscurcie et voltigeait dans les espaces imaginaires à la suite de l'inconnue, ses jambes suivirent machinalement le bord de la Seine, puis elles reprirent un chemin dont elles avaient l'habitude, et, sans savoir comment il y était venu, le jeune homme se trouva tout à coup dans la rue Saint-Louis-en-l'Ile, en face de la maison paternelle.

La vue de sa maison le tira de ces rêveries vagues dans lesquelles il se plongeait avec délices, et, comme il n'avait rien de mieux à faire que de rentrer pendant quelques heures, il sonna à la porte.

D'ailleurs, il lui fallait, de toute nécessité, changer quelques-uns des détails de son costume, afin de bien prouver à la vieille protectrice de ses amours qu'il n'était point de ces élégants qui n'ont qu'une seule toilette.

Il était non moins indispensable d'ajouter quelques bijoux à sa parure et de se parfumer de la tête aux pieds avec la senteur la plus à la mode.

Tout ceci ne pouvait manquer d'être redit par la suivante à la maîtresse, et de produire le meilleur effet.

Maguelonne la Picarde était sortie pour quelque acquisition de ménage.

Ce fut André lui-même qui ouvrit la porte à son fils.

Il s'attendait si peu à le voir rentrer à cette heure, qu'il ne put retenir un geste de surprise.

— Comment! — s'écria-t-il, — c'est toi, mon enfant!...
— Oui, mon père, — répondit Eusèbe en riant, — c'est parfaitement moi, — du moins j'ai tout lieu de le croire...
— Par quel hasard de si bonne heure?
— Mais ce n'est point un hasard...
— Est-ce que tu te lasseras déjà de tes courses dans Paris?
— En aucune façon, — seulement j'ai beaucoup marché ce matin, — je me sentais un peu fatigué et je suis rentré...
— Ainsi tu ne quitteras plus aujourd'hui la maison?...
— Je vous demande pardon, mon père.
— Tu comptes ressortir?
— C'est mon projet.
— A quelle heure?...
— Mais vers sept heures.
— Peut-être iras-tu à quelque spectacle?...
— C'est en effet mon intention.
— Et, as-tu décidé lequel tu honorerais de ta présence?
— Non, mon père, pas encore... — je ferai mon choix en sortant.

En sa qualité d'agent de police, et d'agent d'une habileté consommée, André Lecocq devait se connaître et se connaissait effectivement en physionomie.

Il savait juger les gens sur leur mine, et ses jugements étaient rarement faux.

Il lisait, comme en un livre ouvert, sur les physionomies les mieux composées et qui se croyaient les plus sûres de garder leurs secrets.

Un seul regard jeté sur le visage d'Eusèbe lui prouva jusqu'à l'évidence, que le jeune homme n'était point dans son état normal, et qu'il se trouvait sous le coup de quelque sentiment nouveau et très-vif.

Mais comme Eusèbe ne lui faisait aucune confidence à cet égard, il ne jugea point à propos de l'interroger et il dit :

— Eh bien! mon enfant, puisque tu te sens fatigué, monte dans ta chambre et repose-toi...
— C'est ce que je vais faire, — répliqua Eusèbe, enchanté de se retrouver dans la solitude, et de pouvoir, tout à son aise, se replonger dans ses méditations amoureuses.

Et, après avoir embrassé son père, il prit le chemin de sa chambre.

L'agent secret l'entendit refermer la porte derrière lui et il murmura :

— Je ne sais quelle voix me crie que le jour est venu... que l'heure du sacrifice va sonner... — Mon Dieu, faites que je me trompe...

André, en prononçant ces mots, se trouvait dans le couloir du rez-de-chaussée.

Il n'avait point achevé, lorsque trois petits coups, à peu près imperceptibles pour une oreille moins expérimentée que la sienne, furent frappés à intervalles égaux contre la porte d'entrée.

L'agent secret appuya sa main contre son cœur dont les battements subits et précipités l'étouffaient.

— Hélas! hélas! — pensa-t-il, — je ne me trompais pas...

Et, sans plus tarder, il ouvrit.

Un de ces insouciants flâneurs que nous avons vus, cinq ou six jours auparavant, se disposer à suivre Eusèbe en ses excursions vagabondes, entra en saluant respectueusement.

Il était impossible, complètement impossible, d'imaginer un visage de bourgeois gobe-mouche plus naïf que cette bonne grosse figure rougeaude, dont les yeux n'exprimaient qu'un ahurissement permanent, et dont la bouche, largement fendue, s'ouvrait jusqu'aux oreilles en un éternel sourire.

Quand vous aurez en face de vous quelqu'une de ces larges faces enluminées et candides, aux regards bêtes, aux lèvres joviales, — méfiez-vous !

De fins renards, — de rusés et terribles matois, — cachent souvent leur jeu sous ces grotesques apparences.

André, — sans perdre une seconde, — introduisit le nouveau venu dans sa chambre.

L'émotion qu'il venait d'éprouver contractait encore sa gorge, et rendait difficile l'émission des sons.

Mais il adressa un regard interrogatif à son visiteur.
— Vous avez vu l'*enfant?* — demanda ce dernier.
André fit signe que oui.
Le nouveau venu reprit :
— Vous lui avez parlé ?
André inclina affirmativement la tête.
— Vous a-t-il dit quelque chose ?
André fit signe que non.
— Ah ! diable ! — s'écria le visiteur.
Cependant la parole était revenue à André.
— Ainsi, — demanda-t-il, — il y a du nouveau ?
— Oui.
— Important ?
— Je le crois.
— Expliquez-vous !
— L'*enfant*, ce matin, est allé aux Tuileries par les quais... — Nous le suivions, comme d'habitude...
— Bien.
— Il s'est assis sur la terrasse du bord de l'eau. — Deux femmes ont passé...
— Jeunes et jolies ?
— L'une jeune et belle, — l'autre vieille et laide.
— Suspectes toutes deux ?
— Au plus haut point.
— C'est bien ; continuez.
— Après des chassé-croisés de dix minutes, entremêlés, de part et d'autre, d'œillades significatives, la jeune est entrée dans le labyrinthe...
— Et, la vieille ?
— La vieille est venue trouver l'*enfant*.
— Ah ! — s'écria André, — et, alors ?...
— Alors, ils ont causé assez longuement, — l'enfant a fouillé dans sa poche et a donné de l'or à la vieille, — puis ils se sont séparés, et, comme j'avais soin d'être aussi près que possible, j'ai saisi à la volée ces mots : — *Ce soir ! — huit heures ! — Saint-Germain-l'Auxerrois...*
— Ah ! — fit André pour la seconde fois.
Le visiteur reprit :
— Cela dit, ils se sont séparés.
— Qu'a fait la vieille ?
— Elle est allée rejoindre la jeune dans le labyrinthe.
— Et, Eusèbe ?
— Il s'est assis sur un banc et il a passé un certain temps à bayer aux corneilles, — ensuite, sans trop savoir, je crois, ce qu'il faisait, il est revenu tout droit ici...
— Et les deux femmes ?
— Gaspard et moi, nous nous étions dédoublés, et, tandis que je restais auprès de l'enfant, Gaspard se faufilait dans le labyrinthe, à leur suite...
— Que sont-elles devenues ?
— Elles ont regagné le jardin, d'où elles sont sorties par la grille du bord de l'eau. — Là, Gaspard les a perdues de vue, bien malgré lui...
— Perdues de vue ! — s'écria André en frappant du pied avec colère ; — quelle maladresse !...
— Cas de force majeure ! — Gaspard n'a rien à se reprocher...
— Comment cela ?
— Les deux femmes sont montées dans un carrosse qui les attendait.

— Voiture de louage, probablement ?
— Non pas. — Carrosse de maître, sans armoiries, mais très-bien tenu : — superbes chevaux normands, — dit Gaspard.
— Il fallait monter derrière, au risque de recevoir quelques coups de fouet du cocher !...
— Impossible.
— Pourquoi donc ?
— Un grand laquais s'est installé sur le strapontin, aussitôt après avoir fermé la portière.
— Quelle livrée ?
— Brune.
— Quelle direction ?
— Les quais.
André appuya la main sur son front.
— Tout cela est étrange !... — dit-il : — ces femmes... des aventurières !... — Mais alors, ce carrosse...
— Oh ! oui, tout cela est étrange... — Que pensez-vous de ce qui se passe, Jacquet ?
Le personnage ainsi interpellé cligna finement ses gros yeux et prit l'air rusé d'un paysan Bas-Normand.
— Mon opinion est la même que la vôtre, monsieur André, — répondit-il ensuite.
— La même ? — répéta l'agent secret. — Vous connaissez donc la mienne ?
— Je la devine, monsieur André, — et ce n'est pas un grand tour de force que je fais là...
— Ainsi, vous croyez que ces femmes ? — la plus jolie du moins ?...
— Le morceau de lard de la ratière, — j'en mettrais ma main au feu.
— Nous pouvons nous tromper... — répliqua André ; — mais enfin, agissons comme si nous étions sûrs...
— C'est le plus prudent.
— Où est Gaspard ?
— A son poste, — dans la rue.
— Bien.
André s'assit à son bureau.
Il prit une feuille de papier sur laquelle il traça rapidement quelques lignes qu'il signa de son nom et qu'il timbra d'un cachet particulier.
— Tenez, — dit-il en présentant ce papier au personnage que nous l'avons entendu appeler Jacquet, — portez ceci à l'hôtel du lieutenant de police, et veillez à ce qu'on se conforme à mes instructions.
— Oui, monsieur André, et ensuite ?
— Gaspard et vous, vous serez libres jusqu'à six heures...
— Et à six heures ?...
— Vous viendrez reprendre vos postes en face de la maison, et vous observerez la même consigne que d'habitude.
— C'est tout ?
— Oui, c'est tout, — quant à présent du moins.
Jacquet glissa dans sa poche de côté le papier que l'agent secret venait de lui remettre.
Il salua ensuite, avec toute la respectueuse déférence d'un simple soldat qui se trouve en présence d'un officier supérieur, et il sortit de la chambre, puis de la maison.

XII

LE RENDEZ-VOUS.

Deux heures environ après l'entretien que nous venons de sténographier fidèlement André Lecoq, son chapeau sur la tête et la canne à la main, comme quelqu'un qui se prépare à sortir, alla frapper doucement à la porte de son fils.
— Est-ce toi, Maguelonne ? — demanda Eusèbe.
— Non, mon enfant, — répondit André, — c'est moi.
Le jeune homme ouvrit vivement.
— Comment, mon père, — s'écria-t-il, — c'est vous

qui frappiez! pourquoi ne pas entrer tout droit, comme de coutume?

— Tu m'avais paru fatigué en rentrant, — répliqua André, — je ne voulais pas, au cas où tu aurais été endormi, risquer de troubler ton sommeil.

— Non, mon père, je ne dormais point, et ma fatigue est déjà passée.

— Et tes projets pour ce soir sont toujours les mêmes?

— Mais, oui, toujours.

— Alors, mon enfant, nous ne nous reverrons probablement plus aujourd'hui.

— Vous sortez, mon père?

— Oui, une affaire importante me survient à l'improviste et me retiendra ce soir assez tard.

— Vous souperez ici, cependant?

— Non; j'entrerai dans quelque cabaret qui se trouvera sur ma route, et je t'engage à en faire autant. — Si le hasard te conduit du côté de la rue Saint-Honoré, je te recommande le *Chariot d'Or*. — Les deux maîtres de la maison étant absents, Maguelonne sera dispensée de s'occuper du repas du soir.

— Oui, mon père.

— Je t'apporte une double clef de la porte de la rue, afin que tu puisses rentrer aussi tard que tu voudras, sans déranger personne.

— Merci, mon père, — répondit Eusèbe en prenant la clef.

— Et maintenant, — poursuivit André, — je te rappelle ce que tu m'as promis, mon enfant.

— Quoi donc?

— De ne jamais sortir sans tes armes, — me le promets-tu de nouveau?

— Oui, certes, et je tiendrai ma promesse.

— Tu sais combien les rues de Paris sont peu sûres aussitôt que la nuit est venue.

— Je sais qu'on le dit.

— Et on a raison de le dire, car rien n'est plus vrai. — Montre-moi tes pistolets.

— Les voici, — répondit Eusèbe en fouillant dans les poches de son haut-de-chausses et en présentant à son père les armes mignonnes qu'il demandait.

André les examina avec soin.

Il en fit jouer les ressorts.

Il s'assura que la poudre des amorces était bien intacte et bien sèche.

Puis il les rendit à Eusèbe en lui disant:

— *Prudence et défiance!* mon enfant, — que ces deux mots soient ta devise. — Tu es jeune et je suis vieux, ce qui me donne une expérience qui te manque; — je vois des dangers que tu ne peux même soupçonner. — Je sais, par exemple, qu'à l'époque où nous vivons plus d'un guet-apens se cache sous les trompeuses apparences d'un rendez-vous d'amour.

Eusèbe tressaillit.

— A quel propos me dites-vous cela, mon père? — demanda-t-il d'une voix légèrement émue.

— Mais, à aucun propos, — mon enfant, — je te dis cela pour que tu le saches, — voilà tout... — je te dis cela, afin qu'un entraînement quelconque ne vienne jamais te faire oublier la prudence... — un homme averti et mis sur ses gardes ne tire de mauvais pas où succombe l'imprudent qui ne peut se défendre... — Bref, je suis bien aise de te voir, de mes propres yeux, remettre tes pistolets dans tes poches...

Eusèbe fit, en souriant, ce que lui demandait son père.

Ce dernier poursuivit:

— Maintenant, viens m'embrasser, car il est temps ne je te quitte, et que Dieu te garde de tout péril!...

Puis, après avoir serré son fils dans ses bras avec une tendresse expansive, André regagna le rez-de-chaussée et Eusèbe put l'entendre refermer avec force la porte de la rue.

L'agent secret, cependant, n'était pas sorti.

Il venait de se glisser sans bruit dans sa chambre à coucher dont il verrouilla intérieurement la porte, — de là il passa dans la pièce contiguë, que nous avons nommée la *chambre aux costumes*.

Dix minutes après, une issue dérobée dont Eusèbe et Maguelonne ne soupçonnaient point l'existence, et qui ouvrait sur une ruelle déserte contiguë à la maison, donnait passage à un malingreux du plus sinistre aspect, lequel, vêtu de haillons sordides, et portant sur son dos une besace rapiécée, s'acheminait clopin-clopant vers la rue Saint-Louis-en-l'Ile, dans les profondeurs de laquelle il ne tardait pas à disparaître.

§

Il ne nous semble pas extrêmement utile d'assister à tous les détails de la toilette nouvelle de notre jeune héros, et de le montrer à nos lecteurs parfumant les longues boucles de sa perruque et s'inondant d'eaux de senteur.

Il nous paraît complètement superflu de l'accompagner au moment de sa sortie, et d'aller nous asseoir avec lui dans la taverne du *Chariot-d'Or*, où il prit un très-léger repas, — plutôt pour tuer le temps que pour satisfaire aux besoins ou aux désirs de son estomac, car il est de règle générale et sans exception que les très-jeunes amoureux n'ont jamais d'appétit.

Nous l'abandonnerons donc à lui-même, — bien sûrs de le retrouver bientôt, — et nous nous transporterons, quelques minutes avant huit heures du soir, sur la place Saint-Germain-l'Auxerrois, précisément en face du porche de l'église.

Le Paris nocturne de cette époque ne ressemblait guère, — nous n'avons pas besoin de le dire, — au Paris nocturne d'aujourd'hui, brillant, flamboyant, inondé des zônes de lumière que d'innombrables becs de gaz font jaillir autour d'eux.

C'est à peine si, de loin en loin, quelques rares réverbères faisaient semblant de combattre l'obscurité plutôt qu'ils ne la combattaient en effet.

Et encore, le plus souvent, — c'est Boileau du moins qui le dit, — ces réverbères éteints comptaient sur la lune pour les remplacer.

Le soir dont il s'agit, la lune ne brillait point au ciel, et les deux réverbères de la place Saint-Germain-l'Auxerrois unissaient leurs douteuses lueurs

A la faible clarté qui tombe des étoiles.

Au premier coup de huit heures, les portes de l'église allaient être fermées selon les règlements dressés par l'autorité ecclésiastique.

Quelques dévotes attardées sortaient précipitamment du parvis, et trempaient le bout de leurs doigts dans l'eau sainte du bénitier placé sous le porche.

Eusèbe déboucha sur la place par une de ces ruelles étroites, sombres, mal hantées et fourmillant de lupanars, qui la mettaient en communication avec la rue Saint-Honoré.

Les soirées étaient fraîches, et, sur sa brillante toilette, le jeune homme avait eu la précaution sage de jeter un manteau.

Il se dirigea d'un pas rapide vers le portail.

Mais voici qu'au moment où il passait dans le cercle à demi lumineux que projetait l'un des deux réverbères dont nous avons constaté la présence, un cul-de-jatte se détacha de la muraille, se traîna péniblement jusqu'à lui, et, le regardant de bas en haut, lui tendit son bonnet graisseux en murmurant d'une voix dolente et gutturale:

— Mon gentilhomme, la charité s'il vous plaît...

Eusèbe tira de sa poche une piécette de monnaie et laissa tomber dans le bonnet sale.

Le cul-de-jatte s'éloigna aussitôt.

Quatre pas plus loin, le jeune homme fut abordé par un vieux pauvre à jambe de bois, qui lui dit comme son confrère, avec une très-légère variante:

— Mon beau jeune seigneur, la charité s'il vous plaît...

Eusèbe donna à celui-là comme au précédent, et il continua à marcher.

Cent pas à peine le séparaient du portail, et pendant le temps qu'il mit à franchir ces cent pas, il se vit assailli successivement par un manchot, par un homme sans bras, et par deux ou trois autres sujets éclopés de ce qu'on appelait jadis le *royaume d'argot*.

— Il faut, — pensa Eusèbe, — il faut que tous les mendiants de Paris se soient donné rendez-vous ce soir sur cette place... — c'est bien singulier...

A ce moment précis, le beffroi de l'église tinta le premier coup de huit heures.

En même temps, le jeune homme entrevit à travers les ténèbres une forme sombre qui sortait du porche et qui se dirigeait vers lui.

Cette forme était celle d'une vieille femme encapuchonnée dans une large mante de couleur noire.

Eusèbe, du premier coup d'œil, reconnut ou plutôt devina la protectrice de ses amours, — la suivante de la belle inconnue.

Il allait l'aborder ; — le dernier coup de huit heures avait retenti ; — les portes de l'église se fermaient bruyamment.

Mais, pendant quelques secondes, l'attention du jeune homme fut irrésistiblement attirée d'un autre côté.

A l'extrémité de la place, dans la direction du bâtiment du vieux Louvre, trois hommes se montrèrent soudainement.

Deux d'entre eux portaient des torches, — le troisième tenait une feuille de parchemin.

Celui-ci était un crieur public.

Les trois hommes s'arrêtèrent.

Les porteurs secouèrent leurs torches dont la lueur rougeâtre illumina pendant quelques secondes les profils hargneux des maisons disloquées qui formaient à la place un cadre sinistre, et les silhouettes grotesques des mendiants épars sur le pavé boueux.

Ensuite la voix du crieur s'éleva, — voix éraillée, — fatiguée, — lugubre, — et, au milieu du silence, elle prononça ces mots :

— Écoutez, habitants de Paris, — écoutez !

« Une récompense de vingt mille livres est promise à quiconque donnera des nouvelles du jeune VICOMTE DE GENILLÉ, disparu depuis avant-hier au soir, et le fera retrouver vivant.

« Une récompense de dix mille livres à quiconque, s'il est mort, fera retrouver son corps pour que sa famille désolée puisse au moins lui donner une sépulture chrétienne.

« Une récompense de cinq mille livres, à quiconque procurera l'arrestation d'un de ses assassins.

« Écoutez, habitants de Paris, — écoutez ! écoutez !...

« Une récompense de vingt mille livres, — de dix mille, — et de cinq mille, — est promise à quiconque donnera des nouvelles du jeune BARON DE MIREBEAU, disparu depuis hier au soir, et le fera retrouver vivant, — ou fera retrouver son corps, — ou du moins procurera l'arrestation d'un de ses assassins... »

Le crieur se tut.

Les porteurs agitèrent leurs torches.

Puis le sinistre cortège se remit lentement en marche et disparut par l'une de ces ruelles obscènes dont nous avons parlé tout à l'heure.

Là il s'arrêta de nouveau, et, de nouveau, on entendit la voix rauque et lugubre répéter dans le lointain :

— Écoutez, habitants de Paris !... écoutez ! écoutez !...

Eusèbe, malgré lui, s'était senti pâlir :

— Mon père a raison ! — murmura-t-il, — elles sont fécondes en dangers, les nuits de cette ville où les jeunes gens disparaissent ainsi...

Et, instinctivement, ses deux mains cherchaient dans les poches de son haut-de-chausses les crosses de ses pistolets.

XIII

LE PORCHE DE SAINT-GERMAIN-L'AUXERROIS.

Ces idées tristes et sombres n'eurent d'ailleurs qu'à peine le temps de traverser l'esprit du jeune homme.

La vieille femme venait de le rejoindre et lui disait de sa voix mielleuse :

— C'est bien vous qui me cherchez, n'est-ce pas, mon gentilhomme ?

La préoccupation momentanée d'Eusèbe s'évanouit aussitôt pour faire la place nette à de riantes pensées d'amour.

Il répondit avec empressement :

— Oui, ma chère dame, c'est bien moi...

— Ah ! j'étais certaine de votre exactitude et vous voyez que, de mon côté, je ne suis pas trop en retard...

— Avez-vous quelque bonne nouvelle à m'apprendre ?

— Oui, certes, j'en ai, et de si bonnes que toute la richesse du roi ne saurait les payer...

— Alors, — répliqua Eusèbe en souriant, — donnez-les moi pour rien, car je n'ai pas, pour les payer, de fortune royale...

— Ne voyez-vous pas qu'en disant cela je plaisante, mon gentilhomme ? d'ailleurs votre jeunesse et votre beauté sont des trésors qui valent mieux, selon moi, que l'or du monde entier... — Oui... j'ai des nouvelles à vous apprendre... et qui vont vous faire battre le cœur... et, je ne serais point surprise, toute vieille et toute laide que je suis, si vous m'embrassiez sur les deux joues tout à l'heure pour me remercier du bonheur que je vous apporte... Mais venez un peu par ici, afin que personne ne puisse nous surprendre ou nous déranger......

En parlant ainsi la vieille avait pris la main d'Eusèbe, et elle l'entraînait sous le porche de l'église.

Ils franchirent les deux marches qui séparaient les dalles de ce porche du niveau de la place, et ils s'enfoncèrent dans une obscurité si profonde, qu'en face l'un de l'autre et se touchant presque, ils pouvaient bien se deviner mais ils ne se voyaient pas.

— Maintenant, — demanda Eusèbe, — nous pouvons causer en toute liberté, je pense... — Avez-vous parlé de moi à votre belle maîtresse ?

— Si je lui ai parlé de vous ? — Eh ! mon gentilhomme, je n'ai fait que cela depuis notre promenade aux Tuileries.

— Et, — murmura le jeune homme avec une intonation passionnée, — elle vous écoutait ?...

— De ses deux oreilles, mon gentilhomme, — et sans se faire prier, je vous en réponds...

— Et, que lui disiez-vous ?

— Que je n'avais jamais vu un jeune seigneur d'aussi galante mine, — que tout en vous était parfait et accompli, le visage, la taille, la tournure et l'élégance de l'ajustement. — J'entrais à ce propos dans mille détails que je ne saurais vous redire, et qui d'ailleurs seraient trop longs. — J'affirmais qu'on ne saurait rencontrer nulle part une physionomie plus sentimentalement langoureuse et expressive que la vôtre... — Je comparais vos yeux à des étoiles fixes et brillantes, et je partais de là pour conclure que les regards lancés par vous sur ma maîtresse avaient été les interprètes passionnés d'une flamme subite, aussi vive que respectueuse...

— Vrai, — s'écria Eusèbe transporté d'aise et de reconnaissance, — vrai, vous avez dit tout cela ?

— Tout cela, et bien d'autres choses encore, — je ne tarissais pas, je vous jure !... — Il est vrai que le sujet avait de quoi m'inspirer, et que la matière prêtait à l'éloge...

Eusèbe fouilla dans sa poche et glissa une pincée de pièces d'or dans les mains de la vieille.

Puis il demanda :

— Et, à ces discours obligeants, votre belle maîtresse que répondit-elle ?
— Rien, d'abord.
— Et, ensuite ?
— Ah ! ensuite, elle fut bien forcée de convenir de tout avec moi, et de me dévoiler ses véritables sentiments...
— Et, ses sentiments, quels sont-ils ?
— Ne le devinez-vous point ?
— Je n'ose...
— Vous êtes trop modeste, mon gentilhomme... — Votre imagination peut se donner carrière... — elle aura beau aller loin, — elle n'ira pas au-delà de la réalité...
— Ainsi je puis croire ?...
— Croyez tout. — Ma maîtresse vous a remarqué, — vous lui avez plu, — elle vous aime. — Ma foi, tant pis, voilà le mot lâché !
— Elle m'aime !
— Gardez-vous d'en douter.
— Elle en est convenue ?
— Très-positivement.
— Elle m'aime !... elle l'avoue !... est-ce possible !... — Je rêve ! n'est-ce pas ? je rêve !...
— En aucune façon, — ou du moins, si vous rêvez, je vous réponds que le réveil de ce rêve-là ne vous sera pas désagréable.
— Eh bien ! alors, je vous en supplie, ma chère dame, mettez le comble à vos bontés... — ne perdez pas un instant..., conduisez-moi près de votre adorable maîtresse... que je puisse me jeter à ses genoux, — embrasser ses mains charmantes... — lui jurer un éternel amour... mon bonheur est entre vos mains... — venez, — partons, — ne tardons pas...
La vieille femme se mit à rire.
— Mon gentilhomme, — répliqua-t-elle, — je suis forcée, comme ce matin, de vous répondre que vous allez trop vite...
— Puis-je commander à mon impatience ?
— Il le faut bien, — vous ne sauriez voir ma maîtresse aujourd'hui...
— Je ne saurais la voir ?...
— Non.
— Et, pourquoi ?... — puisque vous me dites qu'elle m'aime autant que je l'aime, elle doit être pressée comme moi... — et, puisque sa hâte est aussi grande que la mienne, pourquoi ne pas courir ?...
— Parce que, ce soir, ma maîtresse n'est pas libre de vous recevoir...
— Qui l'en empêche ?
— La meilleure de toutes les raisons, — la présence d'un mari jaloux...
— Un mari !... répéta Eusèbe avec stupeur et presque avec désespoir, — un mari !... elle est mariée !...
— Oui, vraiment, — et avec un fort grand seigneur encore...
— Un mari ! — murmura le jeune homme pour la troisième fois, — oh ! mon Dieu !
— Ah ! çà, mon gentilhomme, — demanda la vieille, — qu'est-ce qui vous prend ? — est-ce que vous comptiez épouser ma maîtresse, par hasard ?
— Je croyais... j'espérais, — balbutia Eusèbe. — Enfin l'idée de ce rival me désole...
— Bah ! un mari n'est jamais un rival bien redoutable, — surtout quand il est vieux et laid, comme celui de madame...
— Ah ! il est vieux et laid, ce mari ?
— Soixante ans, — louche et boiteux.
— Ah ! tant mieux ! — s'écria le jeune homme avec effusion.
— On dirait que cela vous fait plaisir ?
— Je l'avoue, — mais sa vieillesse et sa laideur ne l'empêchent pas d'être jaloux ?
— Hélas ! non — pas plus qu'elles ne l'empêcheront d'être... ce qu'il sera bientôt, grâce à vous...

— Enfin, quand votre maîtresse sera-t-elle libre de me recevoir ?
— Demain soir.
— Est-ce bien sûr au moins ?
— Parfaitement sûr.
— Cependant, si le mari est toujours là ?
— Il part demain matin pour une de ses terres... — nous avons compté là-dessus...
— Mais s'il allait s'aviser de remettre son départ ?...
— C'est inadmissible, — les affaires qui l'appellent à son château sont urgentes.
— S'il emmenait sa femme ?
— Il ne le fait jamais. — D'ailleurs, madame refuserait de le suivre.
— S'il insistait ?
— Madame se dirait malade. — Vous ne savez donc pas le proverbe, mon gentilhomme ?
— Quel proverbe ?
— Celui-ci : — *Ce que femme veut, Dieu le veut !*
— D'ici à la soirée de demain, je vais mourir cent fois !...
— Ce serait maladroit ! — Vivez pour être heureux, puisque le bonheur vous attend...
— Que les heures me sembleront longues !
— Pensez à ma maîtresse, et dites-vous que de son côté elle vous aime, — elle pense à vous, elle vous attend.
— Que je sache au moins son nom, pour le répéter dans mon délire...
— Henriette...
— Et son autre nom, — son nom de famille ?
— Je ne suis pas encore assez sûre de votre discrétion pour vous le révéler...
— Oh ! je vous jure...
— Ne jurez pas ; — d'ailleurs, je veux que madame ait le plaisir de vous l'apprendre elle-même... — et c'est un nom bien illustre que celui que vous entendrez...
— Que m'importe qu'il soit illustre ?... — Ce n'est pas son nom que j'aime... c'est elle...
— Bah ! cela flatte toujours l'amour-propre
— Je n'ai pas d'amour-propre, je n'ai que de l'amour...
— Oh ! je vois que vous êtes parfait, et c'est pour cela que je me suis intéressée à vous tout de suite...
La conversation en était là.
Le beffroi de Saint-Germain-l'Auxerrois sonna lentement neuf heures.
— Ah ! — s'écria vivement la vieille, — est-ce croyable ? — Voilà une heure que nous causons ; — je suis en retard, — on m'attend à l'hôtel, — je me sauve...
— Déjà ?
— Il le faut bien, — madame ne sait pas où je suis...
— Quand vous reverrai-je ?
— Demain soir.
— A quelle heure ?
— A la même heure qu'aujourd'hui.
— Où ?
— Sur la place de la Bastille, — à cent pas du pont-levis de la grande entrée.
— Et vous me conduirez chez votre maîtresse ?
— Je vous l'ai déjà promis...
— C'est que j'ai si peur que vous ne me manquiez de parole... — d'abord, j'en deviendrais fou !
— Rassurez-vous, mon gentilhomme... ce que je promets, je le tiens...
— Dites bien à votre maîtresse que je l'aime de toute mon âme... que je l'aime à l'adoration ; — plus que ma vie... plus que tout...
— Soyez sans inquiétude, — je dirai ce qu'il faudra, et je serai éloquente pour votre compte, — pas autant, sans doute, que vous le seriez vous-même en pareille occurrence, — mais enfin de tout mon pouvoir.
— Les preuves de ma reconnaissance ne vous feront pas défaut !
— Ne parlez point de cela, mon gentilhomme, je vous

en prie... — ne sais-je pas bien que vous êtes plus généreux et plus magnifique qu'un petit roi ?

Eusèbe et son interlocutrice allaient se séparer.

Déjà la vieille avait fait deux ou trois pas pour quitter l'abri du portail.

Soudain un carrosse princier traversa la place dans toute sa largeur, menant grand bruit de chevaux au galop et de roues broyant le pavé.

Des laquais l'escortaient à cheval, portant des torches dont les passagères lueurs pénétrèrent jusque sous les profondeurs du porche béant.

Puis tout rentra dans les ténèbres et dans le silence.

Mais la vieille avait eu le temps de faire un mouvement brusque et de pousser un cri, en se rapprochant d'Eusèbe.

— Qu'avez-vous donc ? — lui demanda ce dernier.
— On nous écoutait !... — répondit-elle.
— C'est impossible... vous vous trompez... voyez, autour de nous, personne.
— Si... si... j'ai bien vu l'espion... il est là... là... dans cette angle noir.

En effet, la clarté vacillante et fugitive des torches avait permis à la vieille femme de distinguer un homme accroupi dans l'une des encoignures du portail.

De longs cheveux, pareils à ceux des paysans bretons, encadraient le visage bronzé de cet homme ; — il était vêtu de haillons et portait une besace au bout du bâton sur lequel ses mains s'appuyaient.

Maintenant que l'obscurité était revenue, il devenait impossible de distinguer l'homme de la muraille.

Eusèbe, à demi convaincu par les affirmations réitérées de la vieille femme, s'avança du côté qu'elle lui signalait, et il demanda :

— Y a-t-il quelqu'un ?

La réponse à cette question ne fut point immédiate.

On entendit le choc d'un bâton sur les dalles, puis le grincement de semelles ferrées, et le froissement d'un corps contre le mur.

A coup sûr, le témoin inconnu de l'entretien que nous venons de rapporter quittait sa pose accroupie.

Il s'avança d'un pas lourd vers les deux interlocuteurs ; il tendit la main, et d'une voix gutturale et avec un accent étranger très-prononcé, il prononça la phrase sacramentelle :

— Faites-moi la charité, s'il vous plaît, pour l'amour de Dieu...

— Ce n'était qu'un mendiant, — murmura la vieille, évidemment soulagée d'une grave inquiétude.

Eusèbe n'avait plus de monnaie.

Mais il se sentait trop heureux en ce moment pour ne pas vouloir faire partager sa joie à quelqu'un.

Il donna une pièce d'or au mendiant.

— Dieu vous le rendra, mon jeune seigneur, — nasilla ce dernier.

Et, après ce bref remerciment, il s'éloigna en tirant la jambe et en clopinant.

Eusèbe se tourna vers la vieille femme.

— Vous avez eu bien peur ? — lui dit-il en souriant.
— Je l'avoue...
— Que craignez-vous donc ?
— Eh ! mon Dieu, on ne réfléchit pas à tout... — dans le premier moment ne me suis-je pas figurée que le mari de madame avait envoyé là, pour nous épier, quelqu'une de ses âmes damnées, ou s'y était caché lui-même, — c'était absurde, je le sais bien, — mais que voulez-vous ? — on ne commande pas à sa peur...

Quelques paroles furent encore échangées, puis Eusèbe et la bienveillante protectrice de ses amours se séparèrent définitivement, après s'être de nouveau promis de se retrouver le lendemain soir, à huit heures précises, sur la place de la Bastille.

Le jeune homme, — bien enveloppé dans son manteau, reprit d'un pas rapide le chemin de la rue Saint-Louis-en-l'Ile.

Tout en marchant, il se disait :
— C'est bizarre !... la voix de ce mendiant, je la connais, j'en suis sûr.., — où donc l'ai-je entendue déjà ?...

Pendant un laps de temps assez long, il interrogea vainement ses souvenirs.

Mais tout à coup, il se frappa le front en riant, comme un homme qui découvre que ce qu'il cherchait bien loin, était tout près de lui.

— Pardieu ! m'y voici ! — pensa-t-il, — comment ne l'ai-je pas trouvé plus tôt ?... sauf l'accent étranger et le timbre guttural, c'est tout à fait la voix de mon père...

Eusèbe ouvrit la porte de la maison avec le passe-partout qui lui avait été remis à cet effet.

Il rencontra dans le couloir Maguelonne la Picarde, qui se préparait à gagner son lit.

— Mon père est-il rentré ? — lui demanda-t-il.
— Non, monsieur Eusèbe, pas encore...

Comme la Picarde prononçait ces mots, la porte de la chambre d'André Lecocq tourna sur ses gonds, et André lui-même se montra, sortant de l'intérieur de cette chambre.

— Tu te trompes Maguelonne, — dit-il, — je suis rentré, et depuis longtemps...

— Ah ! bien, notre monsieur, — répliqua la fidèle servante, — vous pouvez joliment dire, par exemple, que je ne vous avais ni vu ni entendu... — même que j'aurais mis ma main au feu que vous étiez encore dehors...

André se tourna vers Eusèbe.

— Je ne t'attendais pas sitôt, mon enfant, — dit-il, — es-tu content de ta soirée ?

— Autant que je l'espérais, mon père...
— Tant mieux, — et demain soir, comptes-tu sortir ?
— Oui, mon père.
— Tu auras raison, mon enfant, — amuse-toi, c'est de ton âge. — Cours après le bonheur... le bonheur aime la jeunesse et la vieillesse lui fait peur...

XIV

LE BOUDOIR D'UNE BACCHANTE.

Jusqu'à présent notre récit a ressemblé quelque peu aux trains *omnibus* des chemins de fer, — s'arrêtant à chaque station pour accueillir les voyageurs qu'ils doivent transporter jusqu'à la destination la plus éloignée, ou laisser à moitié chemin...

Nous aussi, nous avons permis à notre plume vagabonde de s'arrêter souvent en route et de fêter, à chaque station, la *fantaisie* et le *détail*.

Le moment est arrivé où notre récit doit devenir un train *express* et fournir le reste de sa carrière sans le moindre petit temps d'arrêt.

Ainsi que le train *express*, nous allons franchir à toute vapeur un intervalle de près de vingt-quatre heures, et nous transporter à huit heures du soir sur la place de la Bastille, enveloppée d'épaisses ténèbres qu'un brouillard froid et pénétrant faisait paraître encore plus opaques.

Parmi cette obscurité uniforme, rien n'indiquait au regard la partie de l'espace où l'imposante forteresse élevait dans les airs le front de ses tours orgueilleuses.

Avons-nous besoin de dire à nos lecteurs qu'Eusèbe n'était pas en retard ?

Depuis près d'une heure, il se promenait de long en large, à cinquante ou soixante pas du pont-levis de la Bastille.

Nous prendrons sur nous d'affirmer que jamais les accès de la plus violente de toutes les fièvres n'ont fait battre les artères d'un malade aussi rapidement que battaient celles d'Eusèbe sous les coups de fouet réitérés d'une fièvre d'anxiété et d'amour.

Il savait parfaitement qu'il était en avance, et cependant il se prenait à trembler que la vieille ne vînt pas le

www.ingramcontent.com/pod-product-compliance
Lightning Source LLC
Chambersburg PA
CBHW070702050426
42451CB00008B/456